CB075702

ALÉM DA MODA

REGINALDO FONSECA

O que vestimos vai muito *além da moda* que conhecemos, com que nos deparamos todos os dias e de cada lugar por onde passamos. Antes de apontar o dedo a alguém em relação ao seu visual, seu estilo de vida e sua postura, o ideal é se olhar no espelho e se conhecer um pouco mais. O mundo moderno pede isso a cada um de nós.

A forma como você se apresenta na vida tem consequências. Pode acreditar! Neste momento, é preciso analisar se os produtos que usamos estão sendo feitos de uma forma mais ética e sustentável. Esse assunto, sim, está na moda.

Saiba que a moda tem uma ligação gigantesca com a nossa forma de ser e de viver. A nossa essência é quem dita para o mundo quem somos de verdade. E, acredite, isso está acima da roupa que usamos e vai *além da moda* que imaginamos ser ou tentamos entender.

Caro Leitor,

Existem várias formas de educar, e educar também é falar do tipo de roupa que cai bem à pessoa, do acessório correto, do perfume que deve ser usado na dose certa, dos óculos que combinam com o formato do rosto, e por aí vai.

Nos dias de hoje, os assuntos a seguir são superimportantes para ser pesquisados, observados e aprendidos: o conteúdo da roupa e da matéria-prima usada nela; o impacto de uma peça de roupa; o descarte das peças, como foi feita e por quem; a indústria da moda como um todo; a cadeia produtiva; toda a engrenagem que move esse setor; o consumo consciente de tudo o que envolve esse segmento; o combate à pirataria; e a questão das cópias. Acredite, devemos buscar entender cada uma dessas pautas.

Só conseguiremos mudar o planeta se mudarmos a nós mesmos e também os nossos hábitos. E os bons hábitos precisam nascer e começar dentro de nós, consumidores finais.

Certa vez, ouvi de uma amiga que, ao escrevermos um livro, perpetuamos bons pensamentos e, assim, de alguma forma, estamos colaborando para educar as pessoas a respeito do que elas querem ou precisam saber.

Certamente, estamos aprendendo a cada dia e vamos adquirindo novos conhecimentos no decorrer da vida, para pô-los em prática num determinado momento – se quisermos, é claro. O aprendizado fica dentro de nós e ninguém pode tirá-lo. Levaremos conosco para a eternidade!

Acredito que ninguém é nem será bom o bastante, ou suficientemente sábio, em tudo. Mas devemos pesquisar, procurar entender o mundo, as novas propostas de vida, as pessoas, a moda, o novo comportamento e o estilo de vida das pessoas na atualidade, sacar qual é o perfil do profissional do futuro e tudo o que envolve o nosso ser e o nosso viver.

Com o aumento da população mundial, as boas ideias sempre serão bem-vindas para a melhoria de todos, para o equilíbrio do planeta e dos seres humanos que nele vivem. A meu ver, as coisas precisam ser produzidas de forma ética e sustentável, mas infelizmente falta um tanto para isso acontecer.

Conectemo-nos a tudo o que se passa perto e longe de nós. Abramos os olhos e a mente para esse novo mundo. Sememos boas ideias, agora e sempre. Sejamos bons e façamos o bem, da melhor forma que pudermos, enquanto tivermos disposição, vida e saúde. Cuidemos do planeta Terra e de todos os que o habitam. Façamos um bom plantio para termos uma colheita positiva. Espalhemos amor e sabedoria. E consumamos de forma mais consciente, descartando menos.

    Vamos lá?
    Boa leitura!

Dedico este livro:

A minha mãe, Rosa Honorato
A meu padrasto, Jurandir Vieira
A Nuno Quental
A Thomaz Aquino
A Soraia Bauer
A Dalila Caldas
A Cilene Vieira
A Beth Fava
A Marilda Serrano
A Malu Andrade
A Mônica Monteiro Porto
A Mirella Souza
A Juliana Gama
A Thomás de Lucca
A Inês de Paula
A Malu Reis
A Marilia Cossermelli
A Emilia Morais e Sr. José Pedro de Morais
A Adolfo Chibante
A Nilza de Fátima Raggasine
A Kadu e Well
A Fidel Araujo
A Raby da Galileia
A Edissa Bonafé
A Magda Barbosa
A Rosemary Sanz
A Cléber Gomez
A minha primeira professora e educadora Esmeralda Villa Franca
A minha coordenadora e assessora, Sylvia Goulart
A meu terapeuta, prof. Kiyoshi O. Konno
A meus sobrinhos
A minha família
A meus amigos
A meus mestres e a todos os meus professores
A meus gurus
A meus terapeutas de sempre
À família Brízio
Ao Gacc Vale do Paraíba
Aos parceiros de sempre
A todos que gostam do meu trabalho e torcem por mim
E, principalmente, a você que está lendo-o
O meu muito obrigado a todos!

A moda vai, a moda vem.
A moda inspira, a gente se inspira.
A moda transforma, a gente se transforma.
A moda informa, a gente se informa.
A moda mostra, a gente usa.
A moda passa, a gente customiza e usa outras vezes.
Tudo isso vai *além da moda* e das roupas que usamos!

Além da moda

Sumário

15	Introdução: o motivo deste livro
17	A felicidade possível
19	Interpretando a moda
21	A moda é para todos
23	A magia
25	A moda brasileira pós-Covid
29	Moda, negócios e consumo no novo mundo
33	*Fashion for life*
35	O profissional do futuro
39	Moda e trabalho
41	Uma história na moda
43	A moda e suas inspirações
45	A moda é um sonho a ser vivido
47	A moda de sempre
49	A globalização e a democratização da moda
51	Conheça e tire proveito da moda
53	O estilo de cada um
55	Seja chique
57	Seja elegante
59	As boas maneiras vão além de se vestir bem e estar na moda
61	Você faz parte do mundo
63	O movimento *plus size*
65	Inspirando moda
67	Mudança de comportamento
69	O certo e o errado na moda
71	Qual é a diferença entre moda e roupa?

73	O que está na moda?
75	O mundo e a moda
77	A moda no mundo digital
79	Na passarela da moda
81	Semanas de moda pelo mundo
83	Angola Fashion Week (AFW)
85	Dubai e a moda
89	Minha visão
91	Milan Fashion Week
93	Do Brasil para o mundo
95	A moda se torna moda quando atinge o desejo da maioria
97	Grandes prazeres da moda
99	O consumidor final
101	Moda para todas as idades
103	A indústria da moda pensa em tudo e em todos
105	Cabelo e maquiagem
107	A moda brasileira
109	*Lifestyle*
111	O mundo da moda é envolvido por egos e vaidades
113	Qual é o melhor *look*?
115	A moda daqui a alguns anos
117	Moda e sustentabilidade
119	Moda e poluição
121	Repensando sobre os animais
123	Um propósito na moda

125	A nova direção na moda
127	Momento de inclusão
131	Entendendo o mundo, a vida, as pessoas e a moda
133	Dentro do shopping center
135	Os grandes grupos da moda mundial
137	Relacionamento e *network*: palavras que estão na moda
139	A moda é um sonho de consumo
141	Pesquisas e curiosidades
142	*Fashion law*: o direito da moda por Mônica Cristina Monteiro Porto
147	Além da moda Arlindo Grund
148	Além da moda Francesca Giobbi
150	Além da moda Mônica Salgado
151	Além da moda Vitor Zerbinato
152	Além da moda Denise Gerassi
153	Além da moda Fause Haten
154	Além da moda Lilian Lemos
155	Além da moda Henrique Mello
156	Além da moda Débora Fernandes
158	Além da moda Dani Rudz
159	Além da moda Kel Ferey
160	Além da moda Walter Rodrigues
162	Além da moda Samanta Bullock
164	Além da moda Emannuelle Junqueira

crédito: Hector Angelo

INTRODUÇÃO:
O MOTIVO DESTE LIVRO

Acredito fielmente que a moda está muito além da roupa que usamos. A moda faz parte das nossas vidas e do nosso comportamento há séculos. Ela vai se transformando no decorrer dos tempos, e precisamos ir, nesse sentido, de encontro às novas situações, adaptando-nos a tudo o que acontece no planeta e na vida.

Desde que o mundo é mundo, as pessoas precisam se vestir e cobrir os seus corpos. Muitas vezes, quando falamos de moda, as pessoas ligam o tema diretamente à roupa. É importante saber que usar qualquer peça de vestuário pode estar muito *além da moda* que a maioria conhece.

Tudo está ligado à nossa forma de ser, ver, perceber, aprender, entender, viver e nos comportar em todos os sentidos da vida. É preciso entender que a roupa que usamos faz parte da moda, das propostas da indústria e das tendências internacionais. Saiba que o ser humano faz parte do Universo como um todo, e sua conexão boa e de luz trará, para o seu ser, aquele brilho que vai ajudá-lo ainda mais com a roupa que estiver usando.

Depois de anos e anos trabalhando com moda, estudando, fazendo pesquisas, viajando pelo mundo, tocando em tantas peças de roupas quase todos os dias, visitando a indústria têxtil e de confecção, convivendo com experts do setor, palestrando, realizando workshops, mediando bate-papos de moda com grandes profissionais da área, produzindo inúmeros desfiles e ações de moda em países diferentes, vendo e analisando toda a mudança e transformação desse universo fashion, sinto-me feliz em escrever este livro, com o objetivo de trazer algo a mais para você com os assuntos moda, vida, estilo, comportamento, beleza, bem-estar, *lifestyle*.

E, é claro, fazendo menções de como viver e se vestir bem!

Desfrute das dicas que virão a seguir.

crédito: Matheus Barreto Motta

A FELICIDADE POSSÍVEL

A felicidade é um estado de espírito e a buscamos em todos os momentos de nossas vidas. Possuir roupas boas e caras, um carro novo, um smartphone do último modelo ou viajar para onde se quer nos tornará pessoas felizes?

Para algumas pessoas, pode ser que sim, mas não acredito totalmente nisso! Temos de buscar o verdadeiro sentido da vida, e isso é individual, pertence a cada ser humano. Nem sempre as coisas materiais trarão felicidade. Somos espíritos morando num corpo, e não o contrário.

Então, por que não buscar a felicidade em nossa essência, em nosso espírito? Muito se fala da felicidade possível hoje em dia, mas poucos conseguem se conectar a ela e de uma forma verdadeira e consciente. Jamais conseguiremos comprar felicidade.

Essa energia não é vendida em lugar nenhum. Ela é adquirida de acordo com o que somos internamente, o que pensamos, nossos propósitos de vida, o que vibramos e atraímos para nós, todos os dias. Tem gente que paga caro tentando comprar vida, amor, sentimento e emoção. E acha que está comprando felicidade.

Ser importante, rico, famoso e poderoso também pode não trazer a felicidade que se imagina. Por mais que seja um sonho de muitas pessoas, pode não ser esse o caminho da felicidade. Ela pode estar nas pequenas coisas, nos abraços apertados e verdadeiros, nas boas trocas de energia, nas gargalhadas com amigos, no tempo que passamos com a família, em nossas crenças mais profundas, no amor que temos e emanamos, na gratidão por tudo e todos, e tantas outras coisas que fazem parte da vida.

Quando abrimos os nossos corações e as nossas mentes, ficamos a um passo de encontrar a felicidade que tanto buscamos e esperamos ter. A decisão e a luta para a construção da nossa felicidade são e sempre serão nossas. Ninguém poderá fazer isso por nós, a não ser nós mesmos. A felicidade está dentro de nós, pode acreditar.

Não adianta estar com uma roupa top e de marca, e não estar bem internamente. Compreende o significado da felicidade? Então, vamos deixá-la fluir de modo natural, com amor, libertação, dedicação, humildade, caridade, bem-estar, reflexão, aceitação, autoconhecimento, bons pensamentos, boa energia etc.

Só atingiremos a felicidade possível se tivermos consciência dela e estivermos abertos a ela e ao mundo. É preciso ter desejo de viver e de vencer os obstáculos da vida. Essas situações nos proporcionam felicidade. A única maneira de amadurecer é o viver.

Acredito que a forma mágica de ser feliz é aproveitar o agora e tudo o que temos em nossa volta. Olhemos a vida em 360 graus. Isso ajuda muito na construção da nossa felicidade. Queremos ficar longe das perturbações, da dor, da maldade, do medo, do sofrimento e de tudo o que pode causar infelicidade.

Isso é possível? É claro que sim! Precisamos nos sintonizar às coisas mais puras, belas, de amor e de luz que regem o Universo. São as nossas buscas que nos levam ao encontro da felicidade possível. Vamos sorrir mais e irradiar amor. Assim, o Universo nos devolverá na forma de momentos felizes. Ninguém neste plano terreno vive num regime especial.

Todos têm momentos de tristeza e felicidade. Mas são simplesmente momentos! E todos são criados por nós, pode ter certeza disso. Ah, os momentos... Onde eu realmente queria chegar. Bem sabemos que tudo na vida é feito de momentos, sejam eles quais forem. Momentos esses que são atraídos por nós mesmos.

A felicidade é um momento. Curto ou longo, é um momento! Portanto, façamos desta existência uma vida melhor, com mais amor e total gratidão. Vamos semear o bem e ser bons como pessoas. Dessa forma, poderemos encontrar a nossa felicidade, já que ela não consiste em coisas, mas, sim, em estados internos de emoção.

Por isso, creio fielmente que a felicidade é possível. Acreditemos nisso e trabalhemos essa energia da felicidade possível todos os dias. Ser feliz é o mais compensador de todo o sucesso, e também está na moda.

Então, ser feliz é possível?

crédito: Ricardo Antonio da Silva

INTERPRETANDO A MODA

Neste mundo novo, as pessoas estão cada vez mais preocupadas em se conhecer melhor, descobrir a felicidade possível, saber como trabalhar o seu marketing pessoal, entender o novo estilo do profissional do futuro e compreender o que move as suas vidas. E, mais do que nunca, mostram-se dispostas a aprender um pouco mais a respeito do tema "moda", que nem sempre é bem compreendido e interpretado da forma como deveria.

    O mais importante é que todos querem ser felizes e se vestir bem, comprando com consciência e, é claro, tirando o melhor proveito do corpo, da fisionomia e da personalidade. Vestir-se bem é algo maravilhoso e merece sempre a nossa atenção. Não importa se você tem ou não dinheiro, mas, sim, se sabe comprar e compor aquilo que combina com você.

    Portanto, conheça-se internamente, ame-se de verdade, aceite-se como você é, seja feliz do fundo da alma e, sobretudo, sinta-se bem. Saiba que, por meio do que estiver vestindo, as pessoas vão olhá-lo, observá-lo, usá-lo como inspiração ou, até mesmo, criticá-lo. Por isso, o ideal é fazer tudo com muita sabedoria, conhecimento, pesquisa, informação e interação.

    Todos nós somos influenciadores, sabia? Vestir-se não é um bicho de sete cabeças. Colocar a roupa certa na situação adequada poderá trazer maravilhas para o seu sucesso pessoal, profissional e, acima de tudo, levar algo bacana à sua personalidade e ao seu ser.

    Pense nisso com carinho!

crédito: Marezilustra

A MODA É PARA TODOS

Todos nós gostamos de nos vestir e sentir bem, não é mesmo? Independentemente de onde passamos e com quem encontramos, adoramos ser elogiados por nosso look, corte de cabelo, corpo e pele.

Na minha visão, dentre as necessidades básicas e fundamentais do ser humano, *ter moradia*, *comer* e *vestir* estão entre as mais importantes. Podemos até sair por aí com *fome*, mas sem roupa, *nunca*.

A moda realmente é para todos. Tudo é pensado e elaborado até estar pronto para ser consumido e usado. Tendo ou não dinheiro e informação, todos nós precisamos de roupas – desde a época das cavernas! Sem falar que é muitíssimo prazeroso comprar e vestir uma peça nova.

Claro que a moda vai muito além de se vestir bem. Ela está ligada ao nosso estilo de vida, à nossa elegância e disciplina, à nossa forma de viver, de ser, de criar, aos nossos encontros pessoais e profissionais, às festas/eventos que frequentamos, ao trabalho, às reuniões com os amigos, e, em particular, ao nosso comportamento como seres humanos.

Querendo ou não, seremos tratados da forma como nos vestimos e agimos. É óbvio que a boa conduta e o bom caráter contam muito em nossa vida, seja no aspecto pessoal, seja no profissional. Isso não tem ligação com o fato de usar a melhor roupa, estar na moda ou ter dinheiro. No meu entendimento, hoje não existe "certo" e "errado" quando o assunto é moda. Existem, sim, o autoconhecimento, a autoaceitação e o autoamor. Reflita a respeito!

Para se vestir bem, é importante conhecer o seu corpo, gostar de si de verdade, respeitar-se e ter alguma informação da moda no mundo atual, que muda o tempo todo. O espelho é o seu grande guia. Perante ele, não passa nada. Pode acreditar!

A indústria da moda pensa em tudo e em todos. Pensa em sexo, corpo, clima, idade, peso, estilo de vida, condição financeira e tudo mais. Nada é posto no mercado sem critério, pesquisa, conexão e informação. E, obviamente, a indústria da moda pensa naquilo que as pessoas querem usar e podem pagar. Tudo é criado e desenvolvido com o objetivo de chegar até o seu guarda-roupa.

Toda pessoa quer, além de se vestir bem, ser vista e elogiada por onde passar, não é verdade? Vivemos em um mundo novo, moderno e transformador, e precisamos ter uma vida nova, com novos pensamentos e, sobretudo, com novas e boas ideias. Dentre os grandes prazeres da vida, comprar roupas, calçados, bolsas, acessórios, perfumes, óculos, smartphones e coisas gostosas para comer, além de viajar, com certeza está entre os melhores.

Antes, a moda começava nas salas de desfiles. Hoje, começa na esquina e na internet. Ela nasce nas ruas e sobe às passarelas, para se confirmar como tendência que será aceita e usada pelas pessoas.

Entenda que a moda é feita para nós. Temos de usar e abusar, sempre com responsabilidade, das propostas que são criadas e lançadas. Além disso, estamos no caminho do consumo consciente, o que nos leva a consumir com cada vez mais informação.

Aprenda a respeitar o seu corpo na hora de se vestir, seja qual for a peça! Estar conectado à velocidade do tempo é igualmente importante. Afinal, tudo muda o tempo todo. Precisamos entender mais o mundo, a vida e as pessoas.

Vista-se de você mesmo em todas as situações do seu viver. Uma peça de roupa não tem vida. Somos nós que damos vida a ela. Então, vamos viver, nos sentir bem e vestir bem!

crédito: Reubens

A MAGIA

Já ouviu falar que a moda é mágica? Ela tem o poder de transformar a vida das pessoas para melhor, em qualquer situação. Por meio dos nossos trajes, deixamos transparecer coisas que estão dentro do nosso íntimo.

Todos nós precisamos de roupas para sair por aí. O look que usamos tem o poder de mostrar um pouco de quem somos em nossa essência e, também, revelar nossa personalidade. E, querendo ou não, poderemos ser julgados devido aos nossos trajes, sejam eles quais forem.

Por isso, é preciso tomar muito cuidado na hora de se vestir. O ideal é escolher o que usar para ficar bonito(a) e não para chamar a atenção dos outros. O look não pode nem deve chegar antes de nós, em nenhum lugar. Pense nisso!

Saiba que moda e estilo devem andar sempre juntos e, de preferência, de mãos dadas. Essa é magia de se vestir bem e brilhar por onde passar. Use e abuse da moda, tirando o melhor proveito do seu corpo e da sua personalidade. Descubra o que pode ser mostrado e o que precisa ser escondido. Esse é um grande truque na moda.

Vamos aproveitar a moda com o objetivo de ficarmos belos e felizes por meio do que vestimos. O que sempre deve prevalecer é a sua preocupação em ser coerente, quando os assuntos são roupas e montar o look. Vale lembrar que a moda mudou muito nos últimos tempos e continua mudando a cada dia.

Tente acompanhar as novidades. Afinal, mesmo que não queiramos, a nossa vestimenta faz a diferença para que sejamos tratados da forma merecida. Assim, precisamos entender um pouco destes magníficos assuntos: a moda no mundo atual e o comportamento perante a vida e as pessoas com quem convivemos.

Ademais, saber o que combina com você e com o seu tipo físico também é primordial nos tempos modernos. Olhe-se no espelho. Diante dele, você pode evoluir muito.

Nunca deixe de pensar em você, no que vai muito *além da moda* e da roupa que estiver usando.

crédito: Adriano Pitangui

A MODA BRASILEIRA PÓS-COVID

Em 2020, vivemos algo único e transformador para a humanidade. Foi um momento de muitas questões e poucas respostas. A pergunta mais frequente era: "O que acontecerá com o mercado da moda brasileira?". Sabíamos bem que os desafios seriam muitos no curto, médio e longo prazo.

Minha análise foi que, a partir de março de 2020 (mês em que o mundo mudou), seria de grande utilidade passarmos a usar as palavras NOVO/NOVA. Novo Mundo, Novo Normal, Novo Momento, Novo Desafio, Novo Sistema, Nova Experiência, Nova Situação, Novos Pensamentos/Ideias, Novo Consumo, e por aí vai…

O novo mundo precisa ser de *humano para humano*. Mais do que nunca, foi preciso ser *otimista* e *realista*. Não tínhamos como prever tudo o que aconteceria. Como nunca antes, precisamos de muita sabedoria para driblar a situação que envolveu todo o nosso planeta. Começamos a viver uma crise que era real e estava à nossa frente. E, então, dependia de cada um saber lidar com tudo o que estava acontecendo. Muita gente acreditava que o mundo não voltaria a ser o mesmo depois da Covid-19. Tínhamos consciência e a certeza de que nada seria resolvido num estalar de dedos.

Àquela altura, *reflexão*, *desafio* e *solidariedade* eram as palavras da moda. Percebemos que, dali para frente, para ter sucesso, cada um deveria pensar e repensar seus formatos de negócios.

Em minhas três décadas trabalhando com Consultoria de Moda, sempre pensei na importante união de toda a cadeia (Têxtil – Confecção – Shopping Centers), e esse pensamento era claro e lógico para a sobrevivência de todos naquele momento.

Falamos de uma indústria que, na época, gerava por volta de US$ 40 bilhões/ano, sendo o segundo maior gerador de empregos no país. Um dos maiores produtores de denim e malhas do mundo.

O Brasil tem a maior cadeia têxtil completa do Ocidente, é referência mundial em design de moda praia, *jeanswear* e *homewear*, e cresce a cada dia nos segmentos fitness e lingerie. Temos um mercado muito forte, que vai do varejo à confecção. E quem sobreviverá a tudo isso nas próximas décadas? Naquele instante, era um tanto difícil dizer, prever ou afirmar qualquer coisa. Foi um período de incertezas e total indefinição! Sabemos que a corda sempre arrebenta para o lado mais fraco. Antes da pandemia, o Brasil passou por uma crise sem fim, que se arrastou nos últimos anos.

A partir de 2019, o mercado brasileiro passou a reagir, depois desse complicado e turbulento período. E, nos meses que antecederam à pandemia, o mercado tinha voltado a crescer e todos estavam otimistas. Então, deparamo-nos com esse episódio sem precedentes e um momento único na história da humanidade, que resultou em uma grande crise mundial. O lado bom de tudo isso é que muitos empresários se uniram para passarem pela crise fazendo um papel social, mas não aconteceu como gostaríamos.

Naquele capítulo turbulento, procurei olhar para os dois caminhos que deveriam andar juntos: primeiramente, era preciso priorizar a saúde, as pessoas e os empregos; depois, priorizar também a economia. Realmente, ela não poderia parar 100%, e quase parou, para o desespero de todos. Essas duas situações precisavam ser pensadas e repensadas, mais do que nunca. A economia precisava de oxigênio. Se ela não respirasse, teríamos um impacto terrível lá na frente. E é o que sofremos agora! O social foi completamente atingido.

Era importante a união de todo o setor e foi essencial a realização de muitas parcerias.

Infelizmente, os pequenos sempre sofrem mais. Portanto, tivemos que saber enfrentar a crise com bastante sabedoria. Já que ela fez parte dos nossos dias, tivemos que aprender a lidar e trabalhar com aquela situação toda.

O Brasil é muito grande, quase um continente. Espalhados pelo país, há muitos polos de moda, mais de 600 shopping centers e um grande comércio de rua, e isso tudo poderia ter um grande impacto econômico.

Como acontece em todas as crises, elas sempre têm começo, meio e fim. E, naquele mês de abril de 2020, estávamos somente no início. O que viria depois daquilo dependeria das boas ideias e das sacadas de como lidaríamos com a crise. É difícil analisar o futuro. Então, tivemos que viver o presente e nos preparar muito para o que estava por vir.

Sabíamos que tudo aquilo nos traria muitos aprendizados. O que não poderia acontecer (e aconteceu!) foi ficarmos tempo demais parados e, por isso, os dias pós-Covid nos perseguirão por muito tempo. E, na quebradeira, muitos dos grandes sofreram na pele. Para sobreviver a qualquer crise, sabemos bem que é preciso ter caixa, o que muitos não tinham naquele momento. Era preciso ter o devido zelo com a saúde e com os seres humanos, mas todo o cuidado também com a economia. Obviamente, fazer a roda da economia girar é demasiadamente importante para qualquer país se sair bem de uma crise, ainda mais quando ela é global.

Naquele instante, ficamos entre a cruz e a espada: morrer com o vírus ou morrer de fome depois? O ideal seria o bom senso de não morrermos por conta do vírus e, muito menos, no futuro, de fome. No retorno gradual das coisas, tivemos que pensar e muito nos protocolos de "como fazer". Infelizmente, muitos empregos não conseguiram ser mantidos a partir daquele sofrido episódio. Mais do que nunca, cada país teria que preservar o nacional, consumindo mais os produtos feitos internamente.

E quando toda a máquina voltou a funcionar? E quando os comércios e shoppings abriram as suas portas novamente? Tivemos que ter uma preocupação redobrada com as pessoas. Elas ficaram um tanto inseguras em lugares públicos. A população estava em choque com as informações desencontradas da mídia. E sabemos que são poucas as pessoas que fazem pesquisas ou se informam por outros meios de comunicação. Nesse retorno, que foi bastante lento, vimos o quão importante é investir nos lojistas e funcionários de todos os estabelecimentos comerciais. Foram muitas as etapas a serem vencidas nos meses seguintes da pandemia que fez o mundo parar.

O universo da moda estava ainda mais frágil. O Brasil não estava preparado para o que tivemos que viver; muitos não tinham caixa o suficiente para lidar com aquilo tudo. O *digital* estava mais forte que nunca e se consolidava de forma crescente. Basta lembrarmo-nos que tivemos várias empresas que não pararam totalmente, devido ao *e-commerce*.

Sabíamos que, no final de tudo aquilo, muita coisa aconteceria e sairia na frente quem realmente quisesse vencer. Mas era preciso se preparar, porque o consumidor chegaria muito diferente de antes. Aquele discurso do Consumo Consciente realmente já fazia parte de nossas vidas e dos negócios.

Sabíamos que era necessária a mudança de cultura dos brasileiros, e espero realmente que ela tenha acontecido. "Otimismo" e "solidariedade" eram as palavras de ordem naquele período turbulento e desafiador. Quem podia ajudar era bem-vindo; quem não podia, o ideal era que não atrapalhasse. Quem consome é que realmente faz a economia girar. Pode acreditar que esse foi o maior desafio de todos os tempos. Todos, juntos, pensávamos em como encontrar o equilíbrio. Não existe mágica e nem almoço grátis, sabemos bem disso.

Na reabertura do comércio, o ideal era o investimento das marcas para fazerem negócios no mundo digital. Faltava muita informação nesse sentido e essas dicas seriam muito bem-vindas. Seria necessário um grande apoio aos lojistas de todas as áreas, com consultorias certeiras e mentorias qualificadas. Era preciso auxiliar as empresas a se manterem vivas e operando de forma equilibrada. Teríamos um processo lento, mas era indispensável manter a eficiência produtiva. As empresas precisariam se manter operando com o negócio estruturado. Tínhamos que ajudá-las a voltarem aos negócios de forma rápida e eficaz. Algumas áreas teriam resultados mais rápidos, mas a gestão seria fundamental naquele período. Nos últimos anos antes da pandemia, muitas empresas brasileiras fecharam suas portas, justamente por falta de gestão. A prioridade das pessoas não seria consumir como antes, e sim passear, ver, ser visto, e tudo seria feito de forma criteriosa.

Foi preciso repensar (e muito!) as estratégias para as próximas etapas e para a retomada do consumo. Os shoppings tiveram que elaborar com afinco as campanhas de reabertura, auxiliar seus lojistas e criar situações assertivas de Novo Desejo e Novo Consumo. Eles estimularam os lojistas a fazerem liquidações para escoar os produtos estocados. Precisou-se dar continuidade aos cuidados com o vírus, que ainda estaria no ar por meses. Definitivamente, não era a hora de fazer da mesma forma. Seriam bem-vindas as Novas Ideias.

Afinal, teríamos uma Nova Experiência de Consumo. Com isso, se faria necessário criar eventos e ações que envolvessem os lojistas e seus consumidores, com conteúdos que fariam sentido em suas vidas a partir daquele momento. Assim, seria criado um engajamento dos consumidores junto às marcas. Acreditava-se fielmente que as compras estariam envoltas em um conjunto recheado de motivações e totalmente ancoradas pelo verdadeiro prazer de comprar. Enfim, precisávamos ensinar aos lojistas a serem otimistas e vencerem aquele momento histórico.

Sem empregos e salários, teríamos menos dinheiro circulando e, assim, menos negócios sendo concretizados. Era muito importante pensar naquela situação que vivemos. Agora, o lado positivo e otimista de tudo isso é que o Brasil poderia se sair bem daquela situação. É um país jovem e muito diferente do resto do mundo! O brasileiro vai à luta, sabe lidar com crises e situações adversas como ninguém, tem garra e a grande maioria é muito bem-resolvida. Não seria fácil, sabemos que não, mas tínhamos que ser muito otimistas e, desta forma, teríamos uma grande chance de nos salvar e salvar o Brasil. Somos uma sociedade nova, somos diferentes, batalhadores e trabalhadores. Gostamos de desafios e essa era a oportunidade de fazer, conquistar e gerar grandes negócios. "Nada será como antes". A frase que entrou para a moda passa a ser verdadeira!

Vamos cuidar da vida, da saúde e da economia em qualquer lugar ou momento que estivermos. Teremos muitos desafios a partir desse novo momento, mas tenha a certeza de que será para fazer a gente crescer.

Vamos lá!!!

crédito: Adriano Pitangui

MODA, NEGÓCIOS E CONSUMO NO NOVO MUNDO

Tomo a liberdade para convidá-lo a iniciar a leitura deste livro, que fiz analisando o novo mundo e o momento em que vivemos, o novo consumo e as novas ideias que devemos ter em meio a tudo isso. Sem dúvida, o mundo é outro, e precisamos acompanhar esse movimento constante que nos ronda. E, claro, é necessário nos adaptarmos a esse mundo transformador. Tudo muda o tempo todo!

Trabalho com moda há anos. São mais de três décadas dedicando-me diariamente à moda e levando-a adiante. Sempre fiz a ponte entre a indústria da moda e o consumidor final. E, acredite, isso está cada vez mais difícil de fazer. A moda está deixando de ser moda no mundo. O discurso precisa ser mudado, e de forma sábia.

Vivemos na era do novo consumo, ou melhor, do *consumo consciente*. Hoje, para realizar qualquer ação com o objetivo de vender mais, é necessária muita inovação e informação. Em minhas centenas de palestras realizadas nessas décadas todas, fiz grandes alertas para lojistas, empresários do setor, fashionistas, confeccionistas e marcas, a respeito desse novo mundo e de um novo momento que estava por vir, e ele de fato chegou.

Realizo pesquisas constantes a respeito da mudança de comportamento das pessoas, já que ele está em frequente transição! Obviamente, sempre analiso de que forma as milhares de peças de roupas são produzidas todos os dias e como elas podem vestir os corpos das pessoas que gostam e precisam de roupas.

Já produzi mais de 5 mil eventos de moda, entre ações e desfiles realizados no Brasil todo e em outros países. Produções essas que agregaram negócios lucrativos para marcas, lojas, grupos e shopping centers. Todos os trabalhos foram feitos com muito amor, pesquisas de consumo e total profissionalismo.

Tudo na moda precisa ser feito de forma glamourosa para obter bons resultados. É assim que funciona, não há outro caminho.

Os shopping centers têm um grande percentual de lojas de vestuário e acessórios, e essas marcas precisam se reciclar para vender e mostrar os seus produtos.

As peças de roupa não têm vida alguma. É preciso colocá-las em pessoas de verdade, com todo o *glamour* necessário para que a moda ganhe vida e gere, no cliente, o desejo de consumo.

Lembro-me claramente de quando criamos e lançamos uma ação que virou febre nos eventos de moda pelo Brasil afora: o Fashion Tour. É uma ação democrática e interativa, em que os modelos desfilam pelos corredores dos shoppings com sacolas personalizadas na mão. Foi desenvolvida primeiramente para o Shopping Colinas (hoje, Colinas Shopping) no ano de sua inauguração, em 1997.

Quando a empreendedora do shopping, Priscilla Levinsohn, me deu a tarefa de criar algo *novo*, em que a moda estivesse próxima das pessoas, rapidamente eu disse: "Vamos fazer um Fashion Tour". De lá para cá, já o realizamos em vários shoppings brasileiros. Muitas pessoas usam essa ideia para levar a moda adiante. Afinal, a moda só vira moda quando atinge o desejo da maioria. É assim que funciona.

Minha empresa, a **Cia Paulista de Moda**, está onde está porque nunca para de pesquisar, se inteirar, criar novas ações e levar ideias e novos formatos para os seus clientes espalhados pelo mundo.

Chamo a sua atenção para falar de algo inédito nos negócios da moda. Por mais que a crise atinja esse setor no mundo, existem empresas e grupos acertando (e muito!).

Entre os dez homens mais ricos do mundo em 2019, segundo a *Forbes*, estavam:

Bernard Arnault – Presidente do grupo LVMH, que representa muitas das principais marcas de luxo do planeta e que vende para uma pequena parcela de pessoas.

A empresa possui, como alavanca de vendas, a marca de luxo mais desejada no mundo: a Louis Vuitton, que não para de gerar desejo com os seus produtos, desfiles e campanhas assertivas.

Amancio Ortega – Fundador do grupo Inditex, que possui milhares de lojas espalhadas pelo mundo, sendo a Zara a mais conhecida, e que vende a linha *fast fashion* para quem gosta e quer estar na moda gastando pouco.

Qual é a fórmula que eles estão adotando? O que está por trás de tudo isso? Vale a pena pesquisar e se inteirar sobre o assunto!

O que posso dizer é que eles estão descobrindo a fórmula mágica de falar direta e abertamente com os seus consumidores/clientes, que talvez já saibam o que querem e podem comprar.

Esses grupos poderosos geram desejo o tempo todo por meio de seus produtos, comunicando-se muito bem com o consumidor final. Investem pesado e geram *glamour* em seus lançamentos de coleção. E não param por aí. Continuam a desenvolver o seu trabalho enquanto os milhares de peças estão nas araras de suas lojas espalhadas pelo mundo. É só dessa forma que se vende moda. Pode acreditar! Na realidade, sempre foi assim e acredito que sempre será.

Hoje, mais do que nunca, é preciso ser assertivo para vender mais. Não se pode mais errar na hora de divulgar e falar de moda.

Como disse anteriormente, a roupa não tem vida alguma. Pode ser a peça mais cara ou a mais barata do mundo! São os seres humanos que dão vida às peças. É aí que a **Cia Paulista de Moda** entra, com as suas consultorias, curadorias, mentorias, produção de eventos e ações de moda, que são criados e desenvolvidos para gerar informação, conteúdo e negócios lucrativos.

O mundo não para nem espera por ninguém! Não se pode fazer um evento de moda somente pelo oba-oba. A moda precisa desse oxigênio de saber *como* mostrar para vender mais. O que não é visto não é consumido. Acredite! Aí que entram os desfiles, o uso correto do online (com todas as suas plataformas digitais) e as semanas de moda espalhadas pelo mundo, que se esforçam para se manter vivas. Perceba que as semanas de moda mundiais não param nunca, e cada vez mais elas tentam gerar desejo de consumo nas pessoas, estejam onde estiverem.

Minha dica é fazer algo profissional, de impacto real e que trabalhe a interatividade, a informação, a conexão, o consumo correto etc. Hoje em dia, para qualquer produção acontecer, é preciso ter novidade, desejo, sedução, expectativa, fluxo e bons negócios.

Reitero, aqui, o meu agradecimento por você ter adquirido este livro e espero que ele tenha as informações que você gostaria de saber.

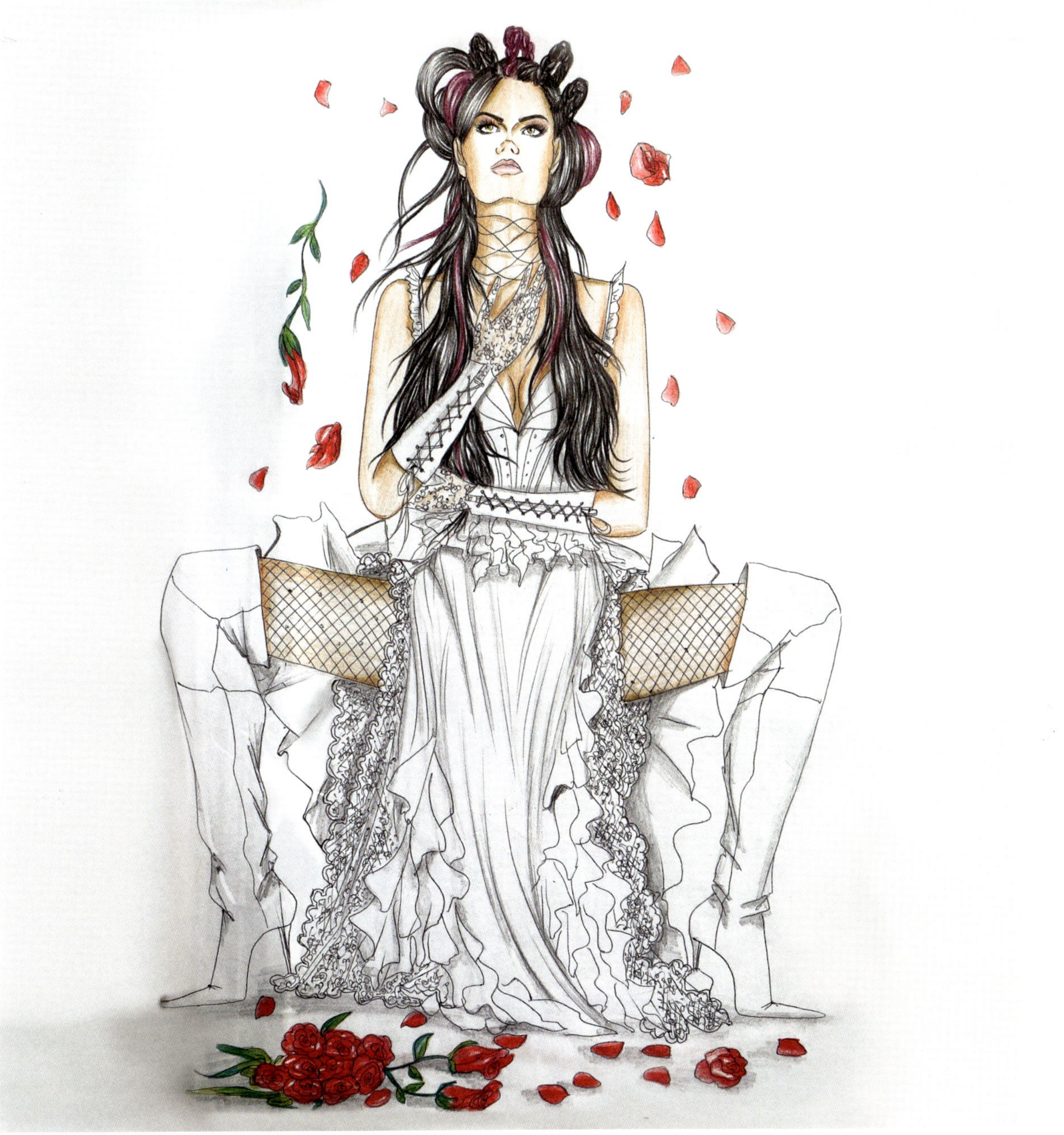

credito: Washington Ricardo

crédito: Claudia Epiphanio

FASHION FOR LIFE

Estamos no ano de 2022, e acredito que, num futuro próximo, tudo será individualizado. Assim como na medicina, que segue por um caminho inovador, a moda também vai se transformar bastante.

A palavra "tendência" sempre fez parte da moda como um todo e sempre fará, para, assim, vender todos os produtos que são criados e lançados pela indústria. E todos se perguntam: "Qual será a próxima tendência para isso ou aquilo?"

Segundo as pesquisas, o avanço da medicina em seus variados setores e especialidades resultará em remédios que poderão ser individualizados, de acordo com a enfermidade de cada paciente. É algo que nem todos sabem, mas é o caminho nesse processo de cura, evolução e transformação. E na moda?

Pode acontecer o mesmo! No futuro, muitas marcas e lojas tendem a desaparecer em algum momento. Na realidade, algumas delas já estão sumindo. Cada indivíduo poderá ser o seu próprio designer, ter sua marca, sua loja e usar a moda de acordo com o seu estilo pessoal, gosto, desejo e bolso.

Quem sabe poderemos ter uma superimpressora 3D-5D ou outra mais tecnológica e, assim, desenhar e imprimir a roupa que quisermos, da forma que escolhermos e na tendência da moda! Acredito que será uma moda de compartilhamento em todos os sentidos, cuja realidade nem podemos imaginar. Consegue ter ideia da revolução desse grande segmento fashion?

Mal conseguimos dar conta da tecnologia que já chegou e, de antemão, sabemos que muitas inovações estão por vir, para transformar ainda mais a nossa existência. Nossa vida está sendo como nos stories do Instagram, em que, 24 horas depois, tudo é zerado e precisamos criar algo novo, sabendo que isso também só durará um brevíssimo tempo.

Por isso, frequentemente digo: "É preciso ter sempre o olhar voltado para o futuro, aquele que mora logo ali e que chega tão rápido". Há cinquenta anos, jamais poderíamos imaginar a realidade atual, e é até complicado pensar como será daqui a dez anos. Várias profissões desaparecerão e, infelizmente, muitas pessoas ficarão para trás.

Não há outra saída e, muito menos, outro caminho. A evolução do tempo muda tudo e todos, o tempo todo.

Somos seres individuais vivendo em um mundo coletivo. Ainda não sei o que terá mais força nas próximas décadas. Sempre trabalhei com comportamento humano, e esse assunto muda a cada dia, de uma forma que chega a assustar todos nós e, em especial, a indústria, que já não sabe mais das exigências e necessidades dos seus consumidores.

Daqui a poucas décadas, é provável que alguém esteja lendo este livro e não tenha ideia de como era o mundo no momento em que eu escrevia, refletia e pensava nas várias possibilidades e situações que envolvem o planeta, as pessoas, o novo comportamento humano, a moda e suas atitudes daqui para frente. Só para ter uma ideia, são 17 horas do dia 2 de janeiro de 2020, e estou dentro de um avião – num equipamento A350 – retornando de férias, de San Pedro de Atacama, no Chile, para São Paulo.

Ao ler este texto, anos ou décadas depois, é possível que até exista outro meio de transporte muito mais veloz e tecnológico. Sinceramente, não temos muito como prever tudo isso. Certamente, a vida de muitas pessoas terá outro sentido ou significado. A tecnologia que traz infinitas possibilidades terá um outro olhar e conexão pelo mundo. Isso é moda, é a tendência, a nova proposta de vida e evolução dos tempos.

Conecte-se a isso tudo e não ficará para trás. Pode ter certeza! Portanto, "vamos em frente, que atrás vem gente". Gente mais esperta, com novas ideias, mais rápida, com muita sabedoria e conectada ao mundo e a tudo o que envolve o viver.

Isso é moda para a vida, acredite!

crédito: Blaze Wolf

O PROFISSIONAL DO FUTURO[1]

Muito se fala e pouco se sabe do novo profissional do futuro. Entretanto, é um assunto que deixou de ser tendência e está na moda. Quem será? Onde ele estará? O que fará? Será aquele que vai trabalhar sem parar um minuto? Ou o superconectado com o mundo, as pessoas, a vida e tudo mais?

As constantes mudanças de mercado, a mudança de comportamento das pessoas, os novos perfis dos consumidores, as novas tecnologias e a globalização resultaram em transformações de profissionais que as empresas procuram para o futuro que já chegou. Hoje, tudo é baseado em inovação e desenvolvimento humano. Bem sabemos que a tecnologia está mudando o mundo e, consequentemente, as pessoas que nele vivem. Sem esquecer que ela nos leva a um futuro ainda desconhecido.

Acredito que, nos próximos anos, a inteligência artificial excluirá muitas pessoas do mercado de trabalho, passando a ser um problema global que afetará ainda mais a economia de todos os países. As pessoas não fazem ideia dessa ruptura toda e o que virá pela frente. Isso não é algo que vai acontecer no próximo século. O movimento já começou e, com essa velocidade do tempo, o futuro é agora.

Já vivemos a mudança de funcionários reais por robôs e softwares. A cada dia, mais humanos são substituídos por máquinas, e isso não começou ontem. Por aí conseguimos medir como será daqui para frente.

Pois é, a nova era chegou para ficar. E muita coisa ainda está por vir! As pessoas que não se atualizam nem se reciclam poderão ficar para trás, e isso é bem perigoso. Os salários caem e muitas empresas trocam a equipe num piscar de olhos. O que está faltando? A lista é grande.

Cada vez mais, o mercado de trabalho e o mundo precisam de pessoas que deixem o passado para trás, vivam no presente e se conectem fortemente ao futuro. As pessoas e profissionais dessa nova era precisam ser multidisciplinares. Mais do que nunca, hoje é preciso ter habilidade pessoal-profissional e inteligência emocional.

E a lista não para por aí. É necessário um grande pacote de coisas para o profissional do futuro: afinidade, agilidade, amor, atitude, autoconhecimento, autocontrole, boa comunicação, boa conduta, boas habilidades, bom relacionamento, busca pelo conhecimento científico, capacidade, capacitação, caráter, competência, competição sadia, comportamento, compreensão, conexão, consciência, crenças, crescimento pessoal e profissional, criatividade, dedicação, desejo de oportunidades, discernimento, disciplina, educação, elegância, emoção, empolgação, energia positiva, entendimento, entrega, equilíbrio, espiritualidade elevada, ética, execução de tarefas de forma impecável, exigência, expectativa, facilidade para aprender e ensinar, felicidade, flexibilidade, generosidade, gratidão, humildade, idealismo, imaginação, iniciativa, inovação, integridade, inteligência, interatividade, intuição, liderança, meditação, natureza intelectual, novas ideias, obediência, observação, organização, otimismo, ousadia, paixão pelo que faz, paz interior, perfeccionismo, personalidade, poder de concentração, positividade, postura, praticidade, proatividade, profissionalismo, realização pessoal, reflexão constante, resiliência, respeito, responsabilidade, sabedoria, satisfação, sensibilidade, senso de justiça, ser uma pessoa interessante, solidariedade, tranquilidade, transformação constante, valores humanos, vibração, vida interior rica, visão de possibilidades, visão global, visual adequado, vitalidade e, ainda, falar com propriedade, pensar profundamente nas coisas, ser inspirador, ser uma pessoa grandiosa, trabalhar para o bem dos outros e muito mais.

Quem reclama muito do seu trabalho e da vida precisa repensar tudo. No meu ponto de vista, o mundo pode caminhar para uma desigualdade ainda maior. Quem não tem estudo e oportunidade poderá ser ainda mais excluído.

Sabe aquela coisa da ponta do iceberg?

---

[1] Texto inspirado na palestra de Michelle Schneider, realizada em São Paulo, no evento TEDxFAAP, e, também, no site https://www.guiadacarreira.com.br/profissao/profissional-do-futuro-caracteristicas.

Os problemas estão deixando de ser nacionais e passam a ser globais.

Já leram a respeito das superimpressoras 3D e 5D? Elas já existem e são capazes de produzir utilizando materiais diversos, como filamentos plásticos rígidos e flexíveis, aço, ferro, bronze, alumínio, fibra de carbono, nylon, madeira, cerâmica e até mesmo matérias-primas alimentícias.

Com tanta tecnologia, veremos que muita mão de obra infelizmente poderá desaparecer em curto tempo. Segundo estudos, quase 50% dos empregos poderão deixar de existir nas próximas décadas. Sempre paro para pensar, refletir e analisar em relação ao profissional do futuro. Confesso que é muito complicado e assustador. Temos de nos preparar para um mundo que ainda nem sabemos como será.

Quais serão os empregos do futuro? Ninguém tem a resposta!

O que posso dizer é que a maioria das crianças que começaram a estudar há pouco tempo vai trabalhar em um emprego que ainda nem existe. Temos um futuro incerto, e buscaremos profissionais não sabemos onde, para fazer sabe-se lá o quê. Será preciso desenvolver as habilidades comportamentais das crianças de hoje, pois elas serão os profissionais do futuro!

Para mim, uma coisa é certa: nada substituirá a emoção e os sentimentos que todos nós, seres humanos, temos. Nenhuma máquina, robô ou software terão essas grandes qualidades, que vêm de fábrica a cada indivíduo que nasce no planeta Terra.

Mas saibam que as habilidades do futuro não serão técnicas, e sim comportamentais. Para ser bem-sucedido, o profissional do futuro terá de saber como pensar e não mais no que pensar. Durante a vida, temos o inverso: ensinam-nos o que pensar e não como pensar. Assunto que vale uma reflexão!

O certo e o errado estão fora de moda há muito tempo. Para um futuro próximo, nossas habilidades técnicas deverão ser desenvolvidas (e muito!). Pare para pensar... Hoje, tudo tem um curto prazo de validade.

O profissional do futuro terá de aprender constantemente. Ele poderá ter várias carreiras ao longo da vida. Cada vez mais, precisamos aprender, desaprender e reaprender. Anote isso!

Claro que tudo são possibilidades, mas basta olhar para trás e ver como eram as coisas nas décadas passadas e como elas são hoje. Por aí, temos uma ideia mais clara sobre o daqui para frente.

Nesse momento, mais do que nunca, é necessário desenvolver a consciência humana, até porque inteligência e consciência são coisas completamente diferentes. É preciso olhar mais para dentro de si, esquecendo-se um pouco do exterior. Amor e autoconhecimento devem andar de mãos dadas, sempre.

Precisamos entender que a felicidade não está em ter, e sim em ser. O profissional do futuro terá de desenvolver as habilidades internas, porém em equilíbrio com todo o seu lado externo. Então, quem será o profissional do futuro?

Pode ter a certeza de que será o *ser humano do futuro*!

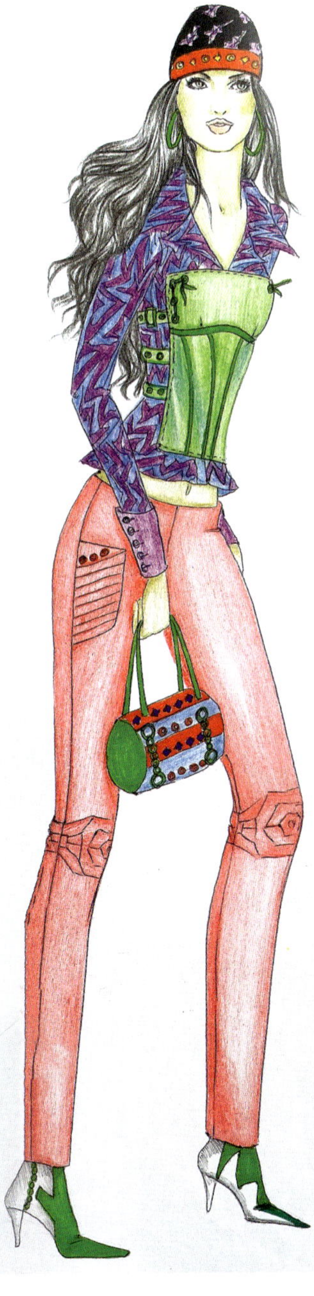

crédito: Washington Ricardo

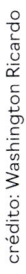

crédito: Marezilustra

MODA E TRABALHO

Muita gente acha que trabalhar com moda é a coisa mais glamourosa do mundo. Até pode ser para alguns, mas, no meu caso, sempre foi uma grande loucura, com uma vida repleta de muitas responsabilidades diárias. Obviamente, graças ao meu trabalho, tenho oportunidades de viajar pelo mundo, conhecer pessoas, lugares e culturas diferentes. Isso é muito satisfatório, sem dúvida. Mas sempre soube da minha responsabilidade nesse universo fashion. Já passei por muitos lugares lindos e encantadores que mal tive tempo de aproveitar, pois o tempo foi preenchido com muito trabalho. Minha preocupação sempre foi levar uma boa mensagem por meio da minha atividade profissional, e espero ter conseguido.

Em qualquer trabalho, é importante fazer o que se gosta, de forma bem-feita e com muito amor. Amo trabalhar com moda e o faço com toda dedicação, inspiração, criatividade, dinamismo, otimismo, perseverança, boa conduta, responsabilidade, critério, sabedoria e profissionalismo que precisam ser depositados. Não brinco em serviço, nem perco tempo com coisas que não valem a pena.

Tenho uma grande ferramenta nas mãos, que é levar a moda adiante e ajudar as pessoas a se vestirem de forma correta e dentro das propostas da estação. Ainda mais neste momento em que o consumo é consciente, não podemos deixar a moda parar de ser moda. Sempre fiz a ponte entre a indústria e o consumidor final. Para isso, é preciso entender quem quer vender e quem precisa comprar. Essa parte requer muito estudo, pesquisas e grande sabedoria. Sempre trabalhei com profissionais dedicados e qualificados, que sabem o que tem de ser feito e com a consciência da responsabilidade do serviço. Também já trabalhei com feras do mercado, cujas troca de experiências e entrega final de cada trabalho em conjunto foram muito gratificantes.

No trabalho de moda, muitas vezes é preciso se desdobrar. Saber o que está fazendo e fazer de verdade, com o objetivo de atingir grandes resultados. Estou há mais de três décadas no mundo da moda, e essa é a profissão que transformou a minha vida e de muitos que estiveram ao meu lado. Foi nesse fascinante mundo *fashion* que tudo começou para mim. Quando iniciei, era um garotinho imaturo e, ao mesmo tempo, determinado. Naquele momento, ainda não sabia o que estava acontecendo, mas tinha o desejo de vencer na vida. Costumo dizer que boa parte da minha vida foi dedicada totalmente ao meu trabalho com a moda. Amo a minha profissão, e também sei o quanto esse meio glamouroso e fantástico pode ser perigoso para muitos que fazem parte dele.

Todos gostam, precisam e querem comprar roupas novas. Quem não gosta de se vestir bem? Todos nós gostamos e queremos ser vistos e notados em função de nossos trajes, é claro!

Nesse tempo todo, fico feliz em ter contribuído e gerado negócios lucrativos para a moda, a partir de minhas consultorias e curadorias. Espalhados por alguns lugares do planeta, atendi muitos shopping centers, além de diversos outros clientes e trabalhos realizados.

Minha vida sempre foi uma grande luta, cheia de trabalho e responsabilidades, cercada de muita correria e loucura até hoje, mas tudo de forma sadia e equilibrada. Não paro um minuto! Para mim, não tem feriado, sábado, nem domingo. Faço o meu trabalho com dedicação, profissionalismo, respeito e amor. Afinal, o segredo do sucesso é fazer o que se gosta e é importante fazê-lo bem-feito. Nada é fácil na vida. Nada vem fácil para ninguém, ainda mais nos dias de hoje, com essa grande transformação no planeta. Acredito em parcerias verdadeiras e de longo prazo. Em mais de três décadas de muito trabalho, consegui fazer amigos sinceros, do bem e de verdade. Tenho clientes e parceiros de muitos anos. Isso não é para qualquer um! Colocar um nome no mercado não é difícil. Difícil mesmo é fazê-lo permanecer por tanto tempo.

Então, se você almeja algo grande e importante na sua vida, trabalhe muito para fazer isso acontecer. Procure fazer da melhor forma possível e com total dedicação. Lembre-se de que o dinheiro é e sempre será uma consequência daquilo que se faz bem-feito. Minha dica é: "Faça a sua parte de verdade e o universo fará a dele". E tente deixar o seu legado por onde passar.

Querer é poder. Arregace as mangas e vá à luta.

crédito: Hector Angelo

UMA HISTÓRIA NA MODA

Trabalho com moda há décadas e amo fazer isso! Sei que tenho uma vasta história nesse mundo empolgante e fascinante. Já fiz grandes entregas e com enormes resultados.

Lembro-me claramente do primeiro desfile que executei, que foi o maior laboratório da minha vida profissional. Eu e minha grande amiga Soraia Bauer tínhamos uma parceria profissional e resolvemos fazer um desfile no final dos anos 1980. Trabalhamos no projeto durante quase quatro meses e envolvemos outros amigos, que também gostavam de moda. Pense no que era moda naquela década! Imagine, então, fazer um desfile em que as pessoas mal sabiam sobre moda e muitas nunca tinham visto um desfile ao vivo.

Escolhemos o local. Era um restaurante-bar que comportava cerca de setecentas pessoas. Na dúvida se todos iriam ou não, resolvemos distribuir por volta de 2 mil convites. Fizemos uma grande produção. E o dia tão esperado do desfile chegou. Foi uma ação para a chegada do outono-inverno daquele ano. Tudo era bem chique, depois de muito preparo e dedicação.

Uma hora antes do desfile, eu e Soraia tivemos de sair para resolver algumas coisas e, quando voltamos, vimos que havia uma fila com mais de mil pessoas aguardando a abertura das portas. Meu coração foi à boca quando vi tanta gente. As pessoas não paravam de chegar, de modo que a fila só aumentava.

Quando o casal Wilson e Denise – que ia apresentar o desfile – chegou, percebi que os dois levaram um susto. Wilson me chamou de lado e disse: "Não caberão todos os convidados aqui dentro. Na realidade, nem metade das pessoas que estão lá fora. Temos de abrir as portas agora mesmo e colocar para dentro todas as que conseguirmos". E completou com algo de que nunca me esqueci: "O maior sucesso de qualquer evento é ter público. E, no caso de vocês, é o que não falta neste momento".

Em seguida, fomos direcionando as pessoas ao local e nem sei como conseguimos fazer com que tanta gente entrasse – embora nem todo mundo. Acredito que vários foram embora com um certo aborrecimento.

Tivemos de iniciar o desfile imediatamente, cuja apresentação inteira durou por volta de 40 minutos. Para aquele momento, naquela ocasião, foi um verdadeiro espetáculo fashion. Um amigo que trabalhava com decoração teve a ideia de colocar um tule pendurado em cima da passarela, cheio de bolinhas de isopor, para soltar no momento da fila final do desfile, dando a impressão de neve caindo. Já era tecnológico o negócio!

Imagine como eram os penteados das mulheres chiques naquela época. Laquê e bolinhas de isopor são coisas que não combinam em hipótese alguma. Mas acredito que as convidadas não se importaram tanto. Tenho certeza de que, ao lavarem o cabelo, elas se lembraram mais uma vez daquele belo espetáculo.

O problema foi com o proprietário do espaço, que disse que tínhamos de limpar tudo, e ficamos o resto da noite com aspiradores de pó numa grande faxina. O local tinha muita madeira. Então, você já consegue imaginar aquelas bolinhas chatas de isopor por toda parte.

Aprendi muitas coisas nesse primeiro evento/desfile. Foi uma grande aula de tudo o que estava por vir. Até hoje, essa produção faz parte da minha história e de tantas lembranças e aprendizados em um único dia.

De lá para cá, tive a oportunidade de fazer milhares de desfiles. A aula foi para valer! É claro que vivenciei diversos outros acontecimentos, loucuras, aprendizados. Mas aquele foi o primeiro e abriu portas para muitos outros, tenho certeza disso.

Obrigado Soraia – ou Sô, como a chamo –, por essa parceria, pelas risadas e pelo grande aprendizado. De nada vale a vida se não aprendermos com as lições que o universo nos envia de mãos beijadas. É necessário ter esse olhar e compreensão de tudo o que acontece em nossas vidas.

Portanto, não desista nunca!

credito: Ricardo Antonio da Silva

A MODA E SUAS INSPIRAÇÕES

A moda inspira pessoas. Por todos os cantos do planeta! Inspira o jovem que quer trabalhar nessa poderosa indústria, por saber que é um dos três mercados que mais geram negócios pelo mundo afora. Inspira quem assiste aos desfiles, quem acompanha as tendências pelas revistas impressas (ou nas recentes versões online), quem vê as novidades do setor pelas redes sociais e, por fim, quem consome o produto.

Produto esse pensado muito antes de ele surgir na passarela. Afinal, o trabalho da moda é sério e antecipado, cujas ideias saem da mente de seus criadores um semestre antes de serem lançadas, dando vida ao que chamamos de *tendência*.

"As cores, as formas, os tecidos, as peças-desejo"... O papel do estilista vai muito além de lançar tendências e vestir indivíduos. A roupa é uma forma de expressar as personalidades das pessoas. Não é à toa que o estilista também é chamado de designer. É a prova clara de que *moda* e *arte* andam juntas, já que lidam diretamente com o design.

Por muitas vezes, grandes nomes estiveram inseridos nas produções em que assinei a direção e a produção. Tudo pensado para quem busca o novo e uma moda real.

Antes, queríamos toda a imprensa cobrindo o evento. Era fantástico ver o pit cheio de fotógrafos e a primeira fila repleta de jornalistas. Por diversas vezes, tive de ir até o pit para separar fotógrafos que se pegavam, disputando espaço.

Hoje, queremos as pessoas presentes na sala ou no espaço dos desfiles, com seus smartphones ligados e fazendo lives durante o evento. As coisas mudam o tempo todo!

Não que a imprensa não seja importante, longe disso. Ela sempre foi e será de suma importância para nós. Digo a respeito da velocidade, da conexão e da capacidade de falarmos, ao vivo, com milhares de pessoas que não têm um convite para ver, presencialmente, aquele grande show de moda.

E já que a moda emprega muitas pessoas pelo planeta, ela está completamente ligada à inclusão social. A inspiração da qual falamos no início tem o poder de transformar a realidade de costureiras, de profissionais das fábricas têxteis, de funcionários de confecções, e por aí vai. Temos profissionais no mercado que buscam a valorização do trabalho artesanal e usam o seu respeitado nome para ajudar a gerar emprego e renda para comunidades espalhadas pelo mundo. É nisso em que acredito e fico feliz por saber que os eventos liderados por mim fazem parte desse processo inclusivo.

A inclusão não para por aqui. Das ações de moda que assinei, tivemos, nas passarelas, modelos de todos os tipos: magros, *plus size*, brancos, negros, jovens, com mais idade, asiáticos, ruivos, com ou sem tatuagem, com síndrome de Down, e por aí vai. Isso é lançar moda e pensar em inclusão social de verdade. Já contratamos um modelo albino, tivemos a participação de deficientes e de pacientes em tratamento do câncer. A passarela deve traduzir a diversidade que há no mundo.

Tudo isso é a moda, a serviço de retratar e enaltecer a sociedade!

crédito: Reubens

A MODA É UM SONHO A SER VIVIDO

No meu entendimento, existe um sonho muito bom, que é o de comprar aquela peça ou um produto da moda. Sabe aquilo que é superlegal e que faz parte da última tendência? Que estava no último desfile da temporada ou é um grande lançamento da indústria? Ou até mesmo aquela peça que seu ídolo acabou de usar numa ocasião especial?

Com certeza, quando o assunto é moda, todos têm seus sonhos de consumo e devem vivê-los da melhor forma. É muito prazeroso se vestir com a peça-curinga da estação, que tanto despertou o seu interesse. A moda mexe conosco de tal forma, a ponto de atingir os nossos sonhos e desejos mais íntimos. Ela tem tudo a ver com o nosso estado de espírito, o momento em que vivemos e a forma como queremos ser vistos por aí.

Isso vai *além da moda* que elegemos e acreditamos fazer parte do nosso estilo pessoal. Na realidade, a moda é um sonho de consumo a ser vivido, não é mesmo? Todos nós almejamos ter aquela peça de roupa, acessório ou calçado, para sair por aí e brilhar entre as pessoas com quem convivemos ou cruzamos o caminho. Isso faz parte de tudo aquilo que escolhemos para melhorar a nossa autoestima e fazer maravilhas para o sucesso pessoal.

Claro que é necessário tomar certos cuidados na hora de comprar aquela peça favorita e colocá-la sobre o corpo. O ideal é ter a certeza de que ela vai se adequar a você e ao seu estilo pessoal. Aprenda também a perceber se o item combina com as demais peças que já estão em seu guarda-roupa. Essa é a relação custo-benefício, termo que está em alta na moda!

E não se esqueça: vista-se sempre de você mesmo. Só assim terá uma grande chance de brilhar de verdade, por onde passar e com quem encontrar. Então, viva esse sonho mágico e use a roupa ou o produto que lhe traga bem-estar, prazer e felicidade.

crédito: Cláudia Epiphanio

A MODA DE SEMPRE

Moda é moda, e sempre será. Não importa o lugar. A roupa sempre será um mecanismo para nos deixar bem e, assim, mostrar algo a mais às pessoas que nos cercam, valorizando outras coisas em relação ao nosso ser mais profundo.

Comprar aquela peça de roupa superdesejada e da estação pode mudar o nosso humor e, ao mesmo tempo, nos transformar para melhor. Temos infinitas possibilidades quando o assunto é comprar roupas, vestir-se bem e de forma coerente com a ocasião, e todos esses itens devem ser elementos importantes para cada um de nós. Vale a pena fazer pesquisas, conhecer-se internamente e saber o que lhe cai melhor.

Em primeiro lugar, descobrir o seu estilo pessoal é primordial. Saiba o que combina com você: isso será a chave que vai abrir portas para o seu sucesso pessoal e profissional.

SABENDO SE VESTIR MEDIANTE TANTAS INFORMAÇÕES
Hoje em dia, não há como errar quando o assunto é moda. Ainda mais com o bombardeio de informações que todos nós sofremos, recebemos e adquirimos todos os dias, vindo por todos os lados. Sabemos que o excesso de informação, às vezes, pode mais confundir do que informar. Então, tratemos de filtrar e peneirar tudo o que chega até nós.

Mas, quando estamos focados na busca de soluções e transformações, conseguimos nos atentar exatamente àquilo que realmente é importante para nos vestir bem, dentro do contexto geral.

Minha dica é tirar o melhor proveito de qualquer informação, sabendo o que serve para você e que poderá ser aproveitado com total conhecimento.

crédito: Héctor Angelo

A GLOBALIZAÇÃO E A DEMOCRATIZAÇÃO DA MODA

Um fato realmente valeu nos últimos tempos: a moda se tornou democrática, e isso foi determinante para o momento em que vivemos. Para mim, foi umas das coisas mais assertivas para os dias de hoje.

Cada um pode e deve fazer da sua moda aquilo que pretende ser. Mas deve-se fazer com aquela consciência positiva da moda atual e, sobretudo, da maneira que pretende se mostrar ao mundo. Saiba que, na atualidade, nada autoriza a má apresentação. Quando dizemos que vestir é um ato democrático, pode ser um tanto perigoso para uns e outros. Portanto, a minha dica é ter bastante cautela, já que esse momento de democracia *fashion* pede conhecimento em relação ao que deve ser usado e à forma de usar.

Da globalização veio a internet, a tecnologia mudou o mundo e isso passou a ser moda em todos os lugares. Com certeza, colaborou muito para a mudança de nossas vidas.

Falando em roupas, hoje a moda que está lá também está cá e acolá. O que se usa no Oriente pode ser adaptado e usado tranquilamente no Ocidente. No universo fashion, tudo está conectado, sintonizado e globalizado. E isso é abundantemente positivo, pode acreditar! A moda sempre acompanhou a evolução dos tempos, do planeta e dos seres humanos que aqui vivem.

OS DESFILES SÃO FEITOS PARA VOCÊ

Lembre-se de que tudo o que sobe numa passarela foi criado e desenvolvido pensando em pessoas reais, que estão consumindo novas peças e propostas. Isso faz parte das tendências, tema que nos envolve. Tudo é feito para você, sabia?

As pesquisas, as cores, as matérias-primas, o conforto, a praticidade, a proposta, as tendências, tudo é pensado, criado e desenvolvido para cada um de nós. Aquilo que vemos nos desfiles pode chegar ao nosso guarda-roupa sem problema algum.

Antes de mais nada, é preciso que cada um perceba o seu tipo físico, aquilo que faz parte do seu estilo pessoal e, sobretudo, o que se pode pagar. Tendo esse entendimento, tudo passa a ser permitido!

crédito: Adriano Pitangui

CONHEÇA E TIRE PROVEITO DA MODA

A moda está aí para nos deixar belos, felizes e bem-vestidos. Portanto, vale a pena conhecê-la um pouco mais e, claro, descobrir como desfrutar dela da melhor forma.

Quando temos conhecimento sobre qualquer assunto, fica mais fácil dominá-lo. Com a moda não é diferente! Pesquisando, você obterá entendimento sobre esse mercado que pode parecer um pouco misterioso. O ato de se vestir pode criar uma certa insegurança em muitas pessoas. Mas, acredite, é mais fácil do que imaginamos.

Sabendo o que quer, aceitando o seu corpo e descobrindo o seu estilo pessoal, você terá a possibilidade de acertar sempre na moda, vestindo-se com classe e elegância. Hoje em dia, só não se informa quem não quer. Só sai vestido de forma errada quem não busca informação a respeito da moda e não conhece a si mesmo.

Costumo dizer que as pessoas precisam ser mais audaciosas e, é claro, fazer tudo com muita sabedoria, informação, sofisticação e precisão.

Isso sim é conhecer a moda e tirar o melhor proveito dela.

SAIBA O QUE ACONTECE NO MUNDO E NA ATUALIDADE

A moda mudou muito nos últimos tempos, e as mudanças continuam. A indústria da moda, as marcas e os designers que fazem parte dessa grande cadeia produtiva estão se encontrando a cada dia e descobrindo, cada vez mais, quem e onde estão os seus verdadeiros clientes, o que eles querem e podem pagar.

Os profissionais da moda já estão antenados sobre as pessoas que precisam ou têm vontade de consumir os seus produtos, que são lançados no mercado o tempo todo.

Vejo que a moda se transformou em algo bem comercial e muito mais próximo da realidade, do entendimento e do estilo de vida das pessoas. Há o cuidado de verificar, também, se o produto se enquadra dentro do poder aquisitivo dos diferentes grupos de consumidores. Para mim, isso é o máximo!

Sempre trabalhei no mundo da moda com total preocupação com o consumidor final. E, no momento atual, as coisas se tornaram mais práticas, confortáveis e igualmente mais fáceis de ser consumidas e usadas.

As pessoas podem enfrentar o mundo moderno e, ao mesmo tempo, estar bem-vestidas e empoderadas. Da mesma forma, se não quiserem gastar muito, podem fazer parte desse universo *fashion* com um visual para lá de descolado.

Para isso acontecer, claro que é uma questão de querer e de saber se adaptar a essa época em que vivemos e pesquisar sempre a respeito da moda. Essa é a moda no mundo atual.

E muitas pessoas já estão se conectando a esse novo sistema.

crédito: Cláudia Epiphanio

O ESTILO DE CADA UM

Você já descobriu o seu estilo pessoal? Não? Então trate de descobri-lo o quanto antes!

Quem tem estilo sabe se vestir de verdade e corretamente. O estilo e a moda acabam andando de mãos dadas. Eles estão fortemente conectados.

Com certeza, todo mundo já leu várias coisas a respeito de *estilo*. Mas nunca é demais, em se tratando de algo tão importante na vida das pessoas, que é desvendar e valorizar o seu estilo, que é individual e único.

Cada um tem o próprio estilo (consciente ou não), que funciona, na maioria das vezes, como a marca registrada do indivíduo. Por essa razão, é tão primordial saber o que combina com você, com o seu corpo e, em particular, com o seu estilo de vida. Essas descobertas, que muitas vezes são pessoais, ajudam na hora de sair às compras, de consumir os produtos certos e, assim, brilhar por onde transitar.

Conhecer o próprio estilo significa não perder tempo nem dinheiro comprando algo que ficará esquecido no guarda-roupa. Isso está *além da moda*, das roupas e do que podemos pagar. O estilo pode ter uma ligação direta com o que temos lá dentro de nós. Nos dias de hoje, ter um estilo próprio e bem definido será um grande facilitador para se vestir bem e mostrar o melhor de si mesmo. Pode apostar!

Caso você ainda não o tenha descoberto, comece a buscá-lo agora mesmo. Ele será seu grande aliado e fará maravilhas pelo seu sucesso pessoal.

A moda até pode ser um detalhe e sofrer variações a cada estação, mas o estilo pessoal faz parte de cada um de nós. É de extrema importância a sua descoberta e preservação.

crédito: Hector Angelo

SEJA CHIQUE

Ser chique está muito além de se vestir bem, de estar na moda ou, até mesmo, de usar aquela roupa de grife cara. É algo que vem de dentro e da essência de cada pessoa. Está diretamente ligado ao berço que tivemos, às boas maneiras adquiridas, à disciplina e à educação que devemos ter durante a vida. Ainda mais nos tempos atuais, em que tanto nos cobram a boa conduta, o caráter e uma personalidade positiva.

Para se tornar uma pessoa chique de verdade, é preciso fazer essa análise de comportamento o quanto antes, e você jamais se arrependerá, tenha certeza. Quando falamos que uma pessoa é chique, é praticamente o mesmo que enaltecê-la.

Essa palavra é fenomenal para o ser humano que tem o cuidado de passar o melhor de sua imagem, de seu ser, de sua pessoa, de sua personalidade e de tudo de bom que há em seu interior. Ser chique é um elemento extremamente positivo aos indivíduos.

Pense em sua pessoa, sua imagem, suas atitudes, sua elegância e sua conduta, em seu tom de voz e em sua forma de falar, viver, agir e se vestir. Desse modo, revendo cada item, você estará a um passo de ser uma pessoa chique de verdade. Aquela que muitas pessoas gostariam de ser!

Sem sombra de dúvidas, uma pessoa chique pode lucrar muito com isso. Ser chique é a fórmula mágica que todos precisam para chegar ao sucesso pessoal e profissional.

Ser chique é uma virtude muito bem-vinda nos dias de hoje.

crédito: Marina Ramosi

SEJA ELEGANTE

A elegância envolve o ser humano como um todo. Ela abre todos os espaços da vida. A pessoa elegante sempre vai demonstrar elegância por onde passar.

A verdadeira elegância tem muito a ver com a boa educação, os bons critérios, o hábito positivo, a sensibilidade do indivíduo, a autoestima, a boa conduta e, acima de tudo, com quem somos internamente.

A elegância vem da forma como nos tratamos e, em especial, como tratamos os demais que vivem ou convivem conosco. Ela não significa somente estar bem-vestido ou consumir produtos caros. De certa forma, as más atitudes podem deixar feios aqueles que são bem-vestidos.

Pessoas elegantes são simples, educadas, esclarecidas, têm o tom de voz adequado, sabem a hora de ouvir e de falar, sabem agir sem agredir, falam com propriedade, respeitam os espaços alheios, não fazem fofocas nem calúnias, e não se envolvem em baixarias. São positivas, atraem pessoas boas e do bem; torcem pelos outros; não são invejosas, oportunistas nem puxam o tapete de ninguém; são felizes, alegres e otimistas; são generosas, gratas, humildes; e, ainda, sabem olhar para o mundo e as pessoas.

Além disso, aqueles que são elegantes usam os termos: *por favor*, *sinto muito*, *desculpe*, *com licença*, *obrigado*, *bom dia*, *boa tarde*, *boa noite*.

Se pretende modificar algo dentro de você, pense em se tornar uma pessoa elegante. Pode apostar! Saiba que nem todos conseguem percorrer o caminho da verdadeira elegância durante a existência. E não é a roupa, nem uma boa casa ou um carro potente que vão fazer isso por você. Será você mesmo quem fará isso por você!

Claro que, nesse caso, o que vestimos (e a forma como vestimos) contará muito para nos tornarmos pessoas elegantes, mas devemos ter em mente que não é só isso. A verdadeira elegância vem de dentro e nunca passará despercebida.

Seja elegante e faça tudo com elegância.

crédito: Larissa Sayuri de Oliveira Watanabe

AS BOAS MANEIRAS VÃO ALÉM DE SE VESTIR BEM E ESTAR NA MODA

Muitas pessoas acreditam que ter boas maneiras é ser chique e elegante. Definitivamente, não! É muito mais que isso. A pessoa até pode ter boas maneiras, mas ser chique e elegante está ligado a outras questões. É óbvio que as três situações devem andar sempre de mãos dadas, o que nem sempre acontece.

Atualmente, mais do que nunca, é primordial ter boas maneiras. Ser educado, disciplinado e cortês faz do indivíduo uma grande pessoa no mundo e na atualidade.

A boa educação está em falta nos dias de hoje. É preciso se conhecer melhor, se reeducar e passar sempre algo positivo de sua imagem, postura e personalidade para o mundo e os que nele vivem. Para ter boas maneiras, é preciso uma boa base de educação, mais a virtude de ser chique e elegante. Combinando esses três aspectos, você poderá ir muito longe, pode acreditar!

A pessoa educada, chique, elegante e de boas maneiras não grita com os outros, não trapaceia nos negócios, não fala mal dos amigos, não critica, não é desonesta nem desleal, não usa as pessoas, não fala alto em público, não conversa no celular em viva-voz ao lado das pessoas, não discute no trânsito, entre tantas outras coisas.

Quem tem boas maneiras não só se veste na moda: costuma se vestir de si próprio. Portanto, tenha uma atenção especial a esse assunto.

Sejamos mais educados, busquemos a nossa verdadeira elegância, sejamos chiques e sofisticados, tenhamos boa aparência, cuidemos da nossa higiene e, acima de tudo, tenhamos boas maneiras, tão necessárias nos tempos modernos.

SUA ATITUDE DARÁ VIDA ÀS COISAS

Tema altamente relevante de ser abordado, pois vai *além da moda*. Você pode estar com a roupa mais cara, mais sofisticada ou a mais bela da estação. Porém, se não tiver *atitude*, de nada vai adiantar. A atitude sempre dá vida às coisas.

Você pode estar com a peça mais simples ou a mais barata, mas se tiver atitude dentro de si, passará algo muito *além da moda* a que tiver aderido. Refiro-me a passar algo da sua personalidade e que, muitas vezes, fica escondido.

Sabendo como você é na essência, você vai brilhar, independentemente do que estiver usando. Isso se chama atitude!

crédito: Cláudia Epiphanio

VOCÊ FAZ PARTE DO MUNDO

Você já se conhece? Sabe quem você é? Caso isso não tenha acontecido, está na hora de começar a exercer o autoconhecimento. Saber um pouco mais da sua essência e do seu ser individual é muito importante no mundo em que vivemos.

Pense sempre em você. Seja o primeiro plano da sua vida. Tenha sempre autoestima e autoamor. Esteja bem consigo mesmo e viva bem. Crie todas as situações positivas para isso acontecer. Sua marca é a sua grife. Reflita sobre isso!

Partilhe amor, bem-estar e felicidade, sempre. Seja você mesmo (e de verdade!) em todas as situações da vida.

E lembre-se de que você faz parte do mundo e ele espera muito de você.

NÃO IMPORTA O SEU TIPO FÍSICO

Este pode ser um tema um tanto polêmico para uns e outros. Mas, no momento presente, talvez não seja tão relevante para mim.

Existem roupas para todos os tipos físicos. Uma coisa é certa: ninguém vai entrar numa loja e comprar um quilo de autoamor e dois quilos de autoaceitação. Muito menos, um grama de felicidade. Há coisas que são adquiridas e não compradas. Entende o que quero dizer?

Se somos altos ou baixos, magros ou gordos, feios ou bonitos, ricos ou pobres, brancos ou negros, carecas ou cabeludos, orientais ou ocidentais, heteros, homossexuais ou bissexuais, desse ou daquele jeito... no meu entendimento, não importa. O que importa é cada um se aceitar como é e, claro, se amar de verdade. Tudo isso conta muito, acredite! A moda está cada vez mais preocupada, pensando em tudo e em todos os biotipos. Esse é o verdadeiro compromisso da indústria *fashion* para com os seus consumidores.

Então, comece a pensar em você e a se conectar a esse novo mundo, que está repleto de grandes inovações, transformações e infinitas possibilidades. Cada um é único e precisa mostrar para o mundo o seu diferencial.

Acredito que a transformação do seu ser precisa ser individual. É aquela que vem de dentro, do seu íntimo. Temos de trabalhar isso dentro de nós, todos os dias. Sugiro que se ame para valer e crie todas as situações de forma positiva, para brilhar por onde passar.

Assim, não mais importará o seu tipo físico. O que vai valer é o que você vai buscar lá dentro de si e transmitir ao mundo a partir de agora.

credito: Claudia Epiphanio

O MOVIMENTO *PLUS SIZE*

Amo o movimento *plus size* e fico feliz que, cada vez mais, a moda pensa em tudo e em todos. A indústria da moda já está de olho nesse movimento. Sabemos que falta muito, mas já demos o primeiro passo, e isso é muito bom. Tantas coisas acontecem em nossas vidas, das quais não esperamos ou, muitas vezes, não entendemos ou sequer aceitamos. E uma coisa é certa: qualquer pessoa pode engordar de um momento para outro.

Num passado recente, quem estivesse acima do peso não tinha o que vestir, não havia opções e, muito menos, itens modernos, com uma leitura de moda. Nada era feito pensando nesse nicho de mercado. As coisas mudaram, e tudo faz parte das tendências da moda e do comportamento de vida dos seres humanos que habitam este planeta.

Vejo mulheres acima do peso felizes por poder estar na moda, ter aquela peça da estação para comprar, tornando-as mais glamourosas e sofisticadas. Isso sim é moda: estar dentro das propostas que a indústria nos traz a cada estação. E, para a moda *plus size*, acredito que tudo pode. Tanto o branco e as demais cores claras quanto o preto, o colorido, o estampado, o curto, o longo, o decotado...

O importante é conhecer o próprio corpo para dar destaque aos pontos fortes, amar-se e aceitar-se de verdade.

E sair por aí sendo você mesmo em qualquer situação.

VOCÊ E A MODA
Já que você faz parte do mundo, com certeza está inserido na moda. Ninguém pega uma peça do guarda-roupa com os olhos fechados. Acredito muito que as pessoas, sejam elas quem forem, façam uma certa programação para se vestir.

Quando somos convidados para um evento, a primeira coisa que passa pela nossa cabeça é a respeito de qual roupa vestir. Então, você e a moda passam a ser uma coisa única. Mas não é necessário se preocupar tanto e ficar queimando os neurônios para se vestir. Busque informações em sites especializados, nas redes sociais, e ouça as pessoas que entendem do assunto. Busque dicas atualizadas e certeiras, sempre.

O mais importante é saber quem é você e, depois, saber mais a respeito do mundo da *moda*.

crédito: Adriano Pitangui

INSPIRANDO MODA

É muito gratificante poder inspirar as pessoas quando o assunto é moda e vestir-se bem. Diversas pessoas fazem isso, mesmo sem saber. E tem gente que o faz com muita competência, pode acreditar.

Essa nova era da tecnologia veio para somar e, também, mudar o mundo, as pessoas e seus comportamentos. Há quem consiga inspirar de uma forma para lá de positiva e sábia. Só por meio do que vestimos é possível que estejamos influenciando alguém.

O simples fato de você ter uma conta em alguma rede social, fazer posts, stories e ter seguidores já significa que pode ser um influenciador, mesmo sem querer. Se você sai de casa com um look incrível, certamente servirá de inspiração a quem encontrar pelo caminho.

É como na gastronomia: postamos um prato bonito e saboroso, e ele se torna referência para uma pessoa que está do outro lado do mundo e que nos segue nas redes sociais. O mesmo acontece quando fazemos um post daquela viagem mágica, que vai inspirar muitas pessoas a também querer fazê-la em algum momento de suas vidas.

Então, imagine postar aquele look que está em alta na moda e que pode chegar ao guarda-roupa de um de seus seguidores! Vale a pena pensar e analisar sobre essa responsabilidade que precisamos ter, de saber que, de alguma forma, estamos influenciando muita gente por aí.

Quero dizer que todos nós somos influenciadores, e, se é para influenciar, façamos com critério, bom senso e sabedoria. A moda passa, mas as pessoas e suas ideias ficam para sempre.

Pense nisso!

crédito: Bernardo Rostand

MUDANÇA DE COMPORTAMENTO

Nos últimos tempos, houve uma grande mudança de comportamento na vida das pessoas, e isso inclui a compra de peças de roupas, de acessórios da moda ou de qualquer outro produto disponível no mercado.

Vou dar um exemplo em relação à moda e suas transformações de comportamento: antes, a mulher brasileira comprava um vestido, uma saia ou um terninho e saía em busca do sapato e da bolsa ideais para combinarem com o look. Hoje, ela compra primeiro o sapato ou o acessório, e daí vai atrás das infinitas possibilidades que combinem com a compra já efetuada. Esse é um pequeno detalhe de como as pessoas mudam o comportamento durante a vida.

Basta olhar quem tinha cabelos longos e os usa curtos atualmente. Ou quem era morena e hoje é loira (e vice-versa). A indústria da moda e seus criadores/estilistas estão sempre de olho em tudo o que diz respeito ao novo comportamento da sociedade. Na realidade, isso é um gancho para saber de que forma as pessoas estão se comportando e se vestindo, e, principalmente, o que elas querem em relação aos seus novos trajes e próximas compras.

Nessa nova era de comportamento, percebo que os indivíduos querem bem-estar, saúde, cuidados básicos e essenciais de pele e corpo; ter mais vitalidade, conforto e praticidade; ser vistos e elogiados; e, obviamente, viver mais e melhor.

À medida que o comportamento das pessoas muda, a indústria vai mudando para atender a necessidade e o desejo de consumo de cada um de nós.

Esteja ciente quanto a esse novo comportamento dos seres humanos. Como tudo muda o tempo todo, vale a pena estar conectado ao novo estilo de vida, de novas atitudes comportamentais.

COMPORTAMENTO GERA COMPORTAMENTO
Você conhece bem a palavra comportamento? Sabe se comportar corretamente no mundo de hoje? Está se relacionando e se comportando bem?

Comece a entender que o bom comportamento está longe de ser visto pela roupa que usamos; ele se manifesta na forma como agimos na atualidade. Essa palavra – comportamento – deve ser revista por todos nós, o tempo todo. Como é bom se comportar bem por aí, não é mesmo?

Não adianta sair todo arrumadinho e ter um péssimo comportamento. Daí fica fácil entender que comportamento gera comportamento!

crédito: Claudia Epiphanio

O CERTO E O ERRADO NA MODA

É provável que não exista mais certo e errado quando o assunto é moda. Essa situação vem sendo analisada há muito tempo... O que pode existir é o exagero ou a falta de informação quando o tema é vestir-se corretamente, com requinte, elegância, bom senso e glamour.

Pense que tudo o que era errado antes pode ser certo hoje, e por aí vai.

O CERTO

O certo é montar aquele verdadeiro look, ou seja, o que realmente tem a ver com você, seu corpo, seu estilo pessoal e jeito de ser, de forma a combinar o lugar aonde vai e a pessoa com quem se encontrará com a sua forma de viver, agir e com aquilo que você pode pagar.

O certo é repetir as peças quantas vezes forem necessárias. É fazer pesquisas antes de comprar e ter a certeza de que usará o produto adquirido. É saber o custo-benefício que cada peça comprada vai lhe trazer e se ela combina com as demais peças que você já tem.

O ERRADO

O errado é achar que a peça que está na outra pessoa ficará tão bem em você como ficou nela. É preciso analisar vários detalhes na hora de comprar essa ou aquela peça.

O errado é comprar o que não se pode pagar. É colocar uma peça dois números menores ou quatro números maiores do que o seu corpo pede. É não saber a procedência da roupa, onde e por quem foi produzida. É comprar uma peça para ser usada somente uma vez.

O errado é não conhecer a sua proporção corporal e não ter ideia do que lhe cai bem. É achar que está certo com aquele look inadequado e que, definitivamente, não foi feito para o seu tipo físico.

Será que os conceitos de *certo* e *errado* na moda ficaram claros?

São pequenos detalhes, porém muito importantes para quem quer se vestir bem e sair desfilando por aí. Isso sem falar da própria vida, que seguimos entre erros e acertos no decorrer da existência.

Portanto, vista-se de você sempre, procure mostrar aquilo que está na sua individualidade e no seu ser mais íntimo. Nunca pare de fazer pesquisas em relação à moda e ao que combina com você. Por mais importante e difícil que a moda seja, ela serve para vestir todos os tipos de corpos.

Pense nisso com carinho e não ficará mais na dúvida do que é certo e errado no momento de fazer a escolha da vestimenta. Tudo pode, mas tudo tem suas regras, consequências e responsabilidades.

Saiba mais sobre você. Dessa forma, poderá ser uma pessoa única no quesito moda, vestindo-se de forma correta e apropriada.

crédito: Ricardo Antonio da Silva

QUAL É A DIFERENÇA ENTRE MODA E ROUPA?

Ao ouvirem a palavra "moda", muitos a associam diretamente à "roupa". Mas nem sempre é assim. Existe muita diferença entre elas. Moda é a proposta da indústria, e ela tem ligações profundas com a nossa forma de ser e de viver. Vai além da roupa que usamos. Está ligada à decoração da casa, à escolha do modelo e da cor do carro, ao que e a onde comemos, à viagem que vamos fazer, ao novo smartphone, ao eletrodoméstico que queremos para o lar, e por aí vai.

Como tudo está na moda, hoje em dia é muito importante sacar a diferença entre as duas coisas. Definitivamente, moda não está ligada somente às roupas. Ela tem uma conexão enorme com a nossa vida, o momento em que vivemos e as escolhas de nossas compras. Percebe a diferença?

E A SUA POSTURA?

Na vida e em relação à moda, tenha uma boa postura. É importante aprender a ter a postura adequada para a sua vida pessoal, profissional e social! Tenha respeito por si mesmo e, também, pelas pessoas com as quais você vive ou convive.

Capriche sempre na sua imagem e nunca deixe de se preocupar com a sua postura física. Ainda mais nesses tempos de selfies e muitas fotos rolando por aí. A postura correta poderá trazer uma grande definição ao seu corpo e ao seu ser, acredite.

Sabemos que todos querem ser bem vistos, elogiados e respeitados. A boa postura ajudará nisso e dará a possibilidade de brilhar por onde passar. Portanto, tenha vários espelhos em sua casa, nunca deixe de observar o seu look e, principalmente, a sua postura, aquela que deve trazer um papel importante para a sua vida, esteja onde estiver.

Postura está extremamente ligada à sua consciência corporal. Conhecer-se é fundamental para que se tenha uma postura correta e passe algo positivo da sua imagem para o mundo. A postura é uma das coisas que vão muito *além da moda*.

crédito: Marezilustra

O QUE ESTÁ NA MODA?

Tudo, tudinho e mais um pouco! Sabia disso? Algumas das principais coisas que estão na moda são: comer, vestir-se, viajar, comprar, estar conectado à internet e às redes sociais, fazer uma selfie, postar stories, cuidar da saúde e tantas outras atitudes que fazem parte do momento em que vivemos.

Atualmente, o que mais está na moda é a conexão e a interação nas redes sociais. Isso é moda e tem uma força muito grande. Não sabemos do amanhã, já que a moda deixa de ser moda num piscar de olhos. Mas o que é moda mexe conosco e nos faz querer, de alguma forma, ter ou consumir de imediato aquilo que ela indica.

Essa energia faz com que as pessoas que gostam de consumir fiquem com uma sensação de prazer, euforia, bem-estar e êxtase. Mas precisamos entender o seguinte: o que é moda hoje poderá não ser amanhã. A moda pega rapidamente e, por meio dos grandes meios de comunicação, fica fácil sabermos o que está na moda.

Mas também existe o momento em que não se usará mais o produto adquirido. Tudo agora tem vida útil e pode deixar de ser moda.

ENTENDENDO AS TENDÊNCIAS E AS PROPOSTAS DA MODA
Tendência é quando aquela peça foi lançada na passarela, está nas revistas ou circulando na internet. Ou mesmo qualquer outro produto que a indústria lança e, por meio de sua comunicação publicitária, nos convida a comprar, gerando grandes desejos em nossas vidas.

A partir do momento em que a peça ou o produto chega à loja e está disponível para compra, deixa de ser tendência e passa a ser moda, pronta para o consumo. Nos desfiles, por exemplo, e nas passarelas pelo mundo, as tendências mostram o que será moda para a próxima estação. Falam e informam sobre aquilo em que devemos apostar e acreditar, e sobre o que comprar. As tendências estão diretamente ligadas aos lançamentos e às propostas feitas pelas marcas e por seus designers. Ou seja, pela indústria em geral.

Agora você já tem uma ideia do que é proposta, que se amarra a uma ou mais tendências, e do que será moda.

crédito: Cláudia Epiphanio

O MUNDO E A MODA

É preciso aprender a viver no mundo moderno, consumir a moda de forma correta/consciente, e comprar as peças de roupas ou qualquer outro produto que queremos e podemos pagar. O mais importante é saber enfrentar a crise global e consumir com responsabilidade. Digo sempre: "Compre aquilo que você deseja e que é necessário".

O mundo mudou e a moda também muda a cada dia. A mudança do mundo é gigante, mas, na moda, a cada estação, as mudanças passaram a ser sutis nos últimos tempos. Não podemos mais comprar uma peça para ser usada uma ou duas vezes, nem trocar todo o guarda-roupa a cada lançamento de coleção. Isso não existe mais há muito tempo.

É claro que a indústria quer e precisa vender. E muita gente quer comprar, mesmo sem precisar. Mas vale a pena tentar entender o mundo, a moda e as pessoas. Isso nem sempre é uma tarefa fácil. O mundo e a moda precisam ser vistos de forma única e com grande responsabilidade.

Procure perceber em qual mundo você está vivendo e o que é preciso ser comprado de verdade.

A ERA DO CONSUMO CONSCIENTE
Cada vez mais, consumiremos com informação e consciência. Cada vez mais, estamos aprendendo a viver num momento consciente, por mais inconsciente que ele seja. Percebo que o mundo e os seres consumistas que vivem nele passaram a pensar duas vezes na hora de comprar e consumir sem limites. E o pensamento é único: "Será que devo mesmo comprar essa peça ou esse objeto?"

A indústria da moda tenta se adaptar a esse tipo de pensamento, que deixou de ser individual e passou a ser coletivo. Além do mais, a crise mundial transformou a forma de consumo das pessoas, e o dinheiro está mudando de mãos frequentemente.

Não acredito que as pessoas deixarão de comprar/consumir moda, mas creio que comprarão menos. Isso poderá ser bom para o planeta, mas ruim para as marcas que precisam se manter, vender os seus produtos a cada estação e, assim, manter os altos custos para desenvolver suas coleções, que precisam estar prontas nas lojas para o consumo.

Tudo isso deve ser pensado e analisado!

crédito: Adriano Pitangui

A MODA NO MUNDO DIGITAL

Não existe outro caminho na atualidade. Todos dizem uma única coisa: "O mundo é digital". Ou melhor, totalmente digital! A moda está inserida por completo nesse contexto. Tudo é falado, comentado, compartilhado e consumido nesse mundo tecnológico, dinâmico e, muitas vezes, louco.

Tudo é veloz e pode mexer com a nossa estrutura emocional e mental. É preciso tomar bastante cuidado. Querendo ou não, todos os dias, a nossa conexão se torna cada vez mais forte e nos direciona a esse mundo, que muda tudo o tempo todo e mexe tanto com as pessoas.

Quero dizer que somos bombardeados por uma tonelada de informações, que podem ser verdadeiras ou falsas. É importante saber o que queremos e precisamos ver. Treinar os nossos olhos e ouvidos nesse momento digital é determinante para vivermos bem e melhor. Já que o mundo digital está na moda, somos nós que consumiremos essa ou aquela informação.

Isso é de grande responsabilidade para cada um de nós. Aí é que devem entrar a nossa atenção e o nosso discernimento. Assim, fica mais fácil entendermos que a moda e qualquer produto e informação que estejam no mundo digital fazem parte da nossa realidade atual. Procure consumir as informações com total moderação.

A MODA E SUAS MUDANÇAS

Tudo muda o tempo todo na vida, na moda e no mundo. A velocidade do tempo é assustadora e transformadora. Quando o assunto é moda e vestuário, os designers e as marcas não param nunca de criar e lançar os seus produtos. Estão sempre de olho, analisando o que as pessoas querem e precisam vestir.

Disso tudo, sempre nasce uma coleção que é elaborada para cada estação e que poderemos consumir de alguma forma. E, também, uma infinidade de produtos que a indústria nos convida a consumir todos os dias, e que chegam até nós por todos os meios de comunicação possíveis e imagináveis.

E as novidades?

Nem sempre acontecem, já que não se tem muito o que inventar nos dias de hoje. O que vemos, nesse setor, é quase sempre uma releitura do que já foi moda um dia, lá atrás. Mas, no mundo tecnológico, tem sempre um novo produto, cada vez mais atual e surpreendente. Aquele que nos faz comprá-lo por um único fator: estar na moda e inserido nesse mundo fashion, moderno e transformador.

Como na vida, a moda traz mudanças o tempo todo.

crédito: Ricardo Antonio da Silva

NA PASSARELA DA MODA

Como você está desfilando por aí? O foco está em você, sabia? Nos lugares por onde passamos, sempre terá alguém nos observando. Por isso mesmo, nada autoriza a nossa má apresentação. A passarela da moda é a vida, por onde desfilam milhares de pessoas todos os dias. A moda está na rua e nas pessoas e faz parte do comportamento diário da nossa existência.

Na hora de optar por uma roupa e sair por aí, é preciso ter cautela e originalidade. Mesmo que seja aquela saidinha rápida para ir até a feira ou ao supermercado. Até porque é aí que mora o perigo. Podemos nos deparar ou encontrar com pessoas que gostam de fazer (ou precisam fazer) suas análises e críticas a nosso respeito.

Pense um pouquinho antes de sua aparição, seja qual for o local ou horário. Isso contribuirá muito para o seu sucesso pessoal e profissional. Hoje em dia, é preciso pensar em custo-benefício na hora de comprar qualquer peça.

Dessa forma, troquemos de roupa de forma mais consciente.

MODA VAI, MODA VEM

No presente momento, observo que não há mais nada de muito surpreendente para ser inventado e lançado na moda em curto prazo. É por isso que a moda vai e vem a cada estação do ano. Como já disse, as peças de roupas que compõem os looks que vestimos passaram a ser uma releitura do passado. Ninguém mais inventará a roda – eu, pelo menos, acredito nisso.

As novas peças de vestuário são adaptadas às propostas de outras épocas e ao comportamento de vida das pessoas na atualidade. Vejo que, hoje, elas se tornam moda novamente por causa de seus novos tecidos e caimentos, novos designs, novas formas e uma nova pegada. Todos unidos à tecnologia, à sofisticação e ao acabamento de cada peça elaborada. O intuito sempre é que as peças consigam chegar aos guarda-roupas das pessoas que gostam de estar na moda e se vestir bem. Essa é a viagem no segmento da moda. Tudo vai e vem!

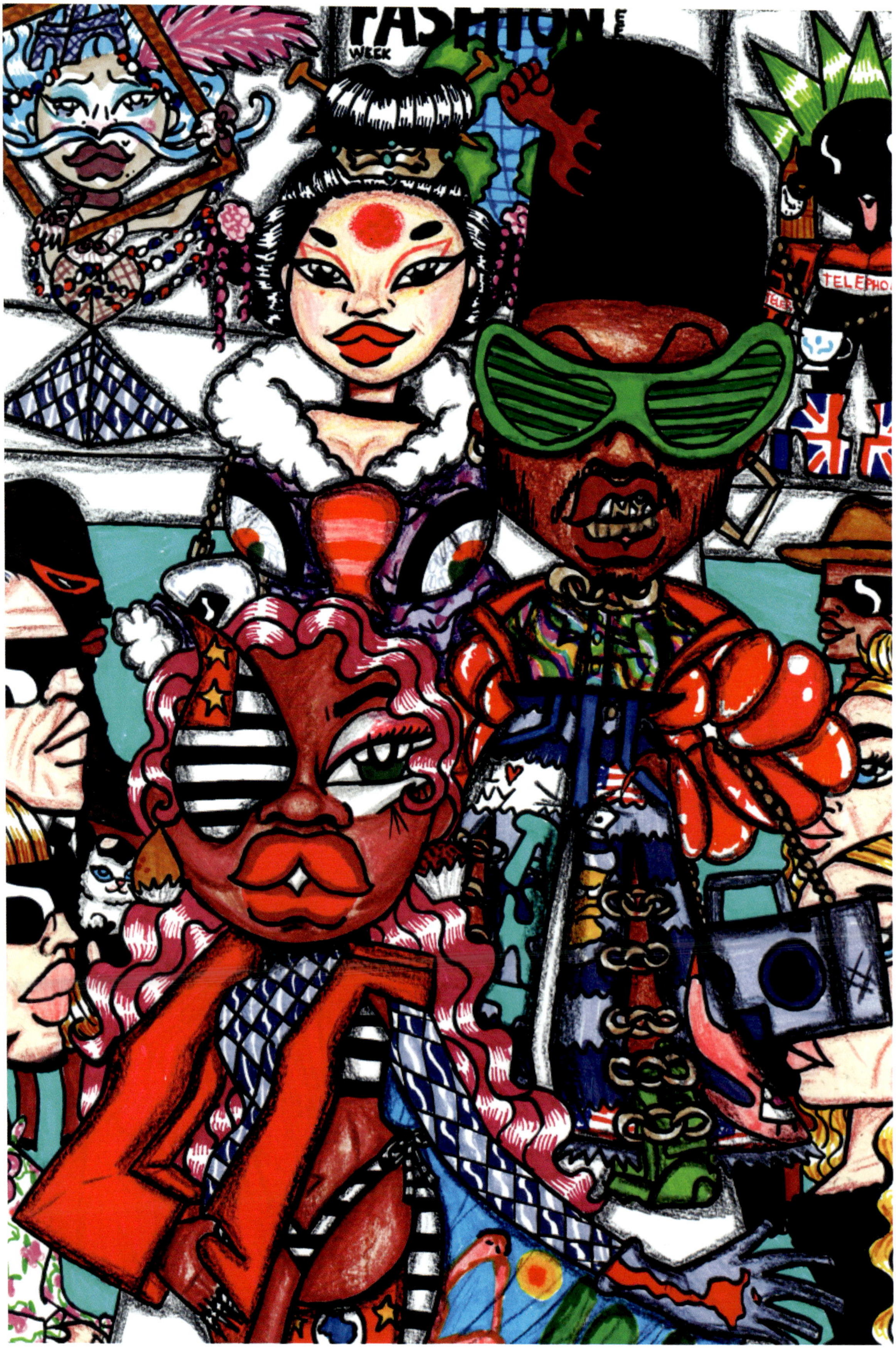

Crédito: Hector Angelo

SEMANAS DE MODA PELO MUNDO

Será que a moda nunca vai acabar? A cada temporada, as principais marcas e estilistas de todos os cantos já estão lançando seus novos looks nas semanas de moda que acontecem pelo mundo afora. Nova York, Londres, Milão, Paris e São Paulo estão na lista dos fashionistas e das pessoas que comunicarão o que será moda para a próxima estação, seja a primavera/verão, seja o outono/inverno.

No novo momento em que vivemos, um detalhe que talvez devêssemos considerar é a possibilidade de lançar e vender as coleções na sequência dos desfiles. Moda e negócio de forma imediata! Ninguém quer esperar por três ou quatro meses para comprar o casaco que viu naquela passarela do último desfile.

Na realidade, nem sabemos se a pessoa quer mesmo o casaco! Mas creio ser essa uma tendência para um futuro próximo. O que importa é que a moda ainda vibra e continua tendo muita vida. E, claro, está sempre mexendo com o imaginário das pessoas. Ela não para de seduzir e gerar desejo em seus fiéis consumidores pelo mundo.

Por mais que possamos assistir ao que está na passarela ao vivo pelas redes sociais, sem sair de casa, ainda existe uma grande disputa pela primeira fila daquele grande desfile, que vai acontecer em tal lugar. Isso ainda move a moda, as pessoas, e faz com que esse universo não morra tão cedo.

A moda vai muito além do que muitas pessoas sabem, pensam e acreditam. Existe uma grande e poderosa indústria por trás, excelentes pensadores, grandes pesquisadores e muitos criadores que não param nunca. Bem lá atrás da cortina, onde não se pode ver, há muita gente trabalhando duro para aquela peça chegar ao nosso guarda-roupa.

Por mais que se tenha pessoas e pessoas pensando, criando e apresentando os seus produtos nas passarelas, muitas vezes de forma contraditória ao mundo e ao momento, acredito que a moda não acabará. Ela tem o poder de levar muitos fiéis ao seu encontro, ou melhor, aos seus desfiles, nas principais semanas de moda pelo mundo e nas lojas.

E isso não para por aí. Até que aquela peça chegue à arara de uma loja para ser consumida, muitas coisas já aconteceram. A cobiça, o desejo, a intriga, a vaidade, o ego, a cópia e tudo mais já fizeram parte desse negócio estruturado e milionário, envolvendo grupos e marcas que fazem parte da moda mundial.

É um grande poderio, de forma positiva ou negativa. Depende do olhar e da interpretação de cada um, é claro. A moda está enraizada nas pessoas. Quem não deseja uma peça-curinga da estação?

Isso realmente vai muito além do que se pode imaginar desse poderoso mercado de moda. Costumo dizer que a moda é e sempre será para todos. Porque quem gosta de vinho gosta de vinho; quem gosta de carro gosta de carro; quem gosta de moda gosta de moda...

crédito: Clau Cicala

ANGOLA FASHION WEEK (AFW)

Quando recebi o convite da Emilia e do Sr. José Pedro de Morais para ser colaborador e fazer a direção e a produção executiva do Angola Fashion Week, a situação em si já me deixou muito feliz.

Realizado em Luanda, capital de Angola, o evento sempre reuniu representantes da moda africana, além de marcas internacionais superimportantes. O Angola Fashion Week é um dos principais eventos de moda do continente africano e tem como objetivo levar às passarelas algumas das principais marcas locais, novos designers angolanos e renomadas marcas brasileiras e estrangeiras de destaque no mundo fashion.

A moda do AFW sempre inspirou os designers na passarela e traduziu a elegância natural do povo angolano. O AFW é uma realização do grupo angolano Emirais, que sempre investiu na moda local. Trata-se de um evento que representa a cultura popular angolana e a sofisticação de muitos criadores da moda atual. Sempre foi realizado numa sala de desfile sofisticada e moderna, que não perde em nada para as principais semanas de moda do mundo. Sobre uma enorme passarela, desfilam e brilham, à vontade, a criatividade e a excelência do produto angolano.

Como colaboradora do Angola Fashion Week, a Cia Paulista de Moda, por meio de viagens a Luanda e análise realizada a partir de imagens e leituras etnográficas sobre o evento, deu-se ao processo de identificação e divulgação do AFW, além da escolha dos designers que fariam parte de seus desfiles.

Assim, sempre trabalhamos para, além da conceituação visual do espaço de desfiles, evoluir junto ao Angola Fashion Week e posicioná-lo, de forma relevante, como um evento lançador de moda e tendências no mercado global, a partir de uma definição de identidade, respeitando seus estilos e pluralidade.

Beleza, público selecionado, convidados VIP, sensualidade, moda e glamour sempre marcaram as edições em que fomos colaboradores do AFW. Assim como a participação de vários músicos de referência, que atuaram ao vivo durante os desfiles. Moda e música são coisas de que os angolanos gostam muito!

O que mais nos deixou felizes é que o AFW entrou para o calendário internacional da moda após o início de nossa participação. O evento foi para o mundo por meio de coberturas de vários veículos de comunicação nacionais e internacionais, além do grande impacto em plataformas de redes sociais. O processo de criação colaborativa com jovens designers angolanos ressignificou a moda local a partir dos pilares: educação, identidade, história e cultura.

Realizar um evento desse porte na África, levar um grupo gigantesco de profissionais brasileiros e de outros países, fazer a dobradinha com os profissionais e fornecedores locais, e ter o AFW como um evento de impacto no mundo e um dos maiores da África sempre foi uma tarefa desafiadora, porém muito gratificante.

O evento sempre teve grande relevância para a economia da cidade. Durante a semana de moda, Luanda se transforma com a geração de empregos diretos e indiretos, além do movimento em hotéis, restaurantes e em todo o comércio local, que lucra muito em seu período de realização.

Em 2014, entramos de corpo e alma nesse projeto que é o Angola Fashion Week. E digo que foi uma escola de muito aprendizado, por participarmos de algo tão grande, bem-feito, com muito trabalho, glamouroso, de grande valor e com um alcance que nem conseguimos mensurar.

crédito: bernardo Kostand

DUBAI E A MODA

Todo mundo tem os seus sonhos. É claro que, dependendo do tamanho do sonho, é necessário ter muito dinheiro. Nesse espírito, nasceram os Emirados Árabes Unidos há mais de quarenta anos, e principalmente Dubai, uma cidade que, confesso, me deixou impressionado desde quando a visitei pela primeira vez, em 2015. Tudo é mega, ou melhor, supermega, e não para de crescer.

Crise em Dubai? Acho que a crise está começando a cercar Dubai!

E a moda? Esta, sim, está bem presente e forte na região. Tudo indica que Dubai será mesmo a capital da moda nos próximos tempos.

São vários shopping centers espalhados pelos Emirados Árabes. O Dubai Mall já é um dos maiores shoppings do planeta, com mais de 1.500 operações, e não para de se expandir, acredita? Passei a maior parte da minha vida profissional dentro de shoppings, por todos os lugares onde trabalhei, e confesso que nunca vi nada igual em tamanho, luxo, fluxo e negócios. E coloca negócios nisso! Um shopping segmentado e muito bem dividido em seu mix. O mais interessante é que tem público para todo o mall, e as pessoas vão mudando de acordo com o nível das marcas.

Um detalhe interessante: o Dubai Mall conseguiu setorizar e segmentar todo o seu mix do shopping por importância da moda e seus conceitos. Você vai à ala que combina com o seu estilo e bolso. A Ala Luxo é maravilhosa e totalmente glamourosa, fazendo jus ao seu propósito. Que colírio para os olhos! E os valores não ficam muito atrás da Europa e dos Estados Unidos.

Falando em marcas, pense numa marca importante no mundo. Lá tem. Sabe aquela marca mais desejada? Tem também! Sabe aquela marca que você não conhece? Também!

Realmente, é impressionante o tanto que as pessoas compram. Lá, sim, se faz muitos e muitos negócios.

Presenciei pessoas comprando muito. Vi uma senhora chiquérrima com quatro sacolas diferentes, das marcas de luxo mais poderosas, importantes e desejadas do mundo. Coisa de louco, ou melhor, coisa de quem tem muito dinheiro para gastar.

As lojas da Louis Vuitton (que são muitas) têm fila e controle na porta para entrar. As lojas da Rolex são todas cheias e vendem muito. Parece um filme.

E as mulheres compram toda essa moda? Claro que sim!

Mesmo sabendo da cultura e da religião, quando elas aparecem em público com suas burcas pretas, precisam mostrar o que fica aparente. Por esse motivo, elas sempre têm a melhor bolsa, o melhor calçado, o melhor relógio e muitas joias, que às vezes valem mais que um bom apartamento em São Paulo ou no Rio de Janeiro.

E as roupas caras e de luxo que elas compram? Usam em casa e em encontros com as amigas, em locais fechados. Louco, né?

É um verdadeiro desfile de moda andar pelos shoppings de Dubai ou lugares onde existe o fluxo de pessoas locais, mesmo que seja somente para ver os acessórios, que, por sinal, aparecem muito.

Os turistas se misturam com os residentes sem problema algum. Porém, eles devem tomar certos cuidados para não se atrapalhar com as diferenças culturais e, principalmente, religiosas.

Ainda nem falei dos carros vistos por lá. Fiquei, como já é de se esperar, impressionado. O barulho dos motores e o grande desfile de carros de luxo pelas ruas é algo fenomenal.

O trânsito? Isso também é mega. Lá tem muito! A vantagem é que você pode ficar olhando para todos os lados e vendo os carros mais tops do mundo passando (lentamente) por você.

Conversando e pesquisando com os amigos de lá, percebi claramente a mudança de hábito, estilo de vida e de comportamento na vida das pessoas daquela região. O mundo mudou com a globalização, a internacionalização e, principalmente, a democracia da moda.

Chegando ao hotel, no primeiro dia, tive uma surpresa. Presenciei uma mulher voltando da academia, vestindo um pequeno short de lycra preto e uma mini blusa, e caminhando normalmente pela rua. Pode? Pelo visto, sim. Eles tiveram que se adaptar ao mundo mais moderno e ocidental para ter uma cidade na moda e visitada por cerca de 80 milhões de pessoas por ano.

A gente pode ver de tudo, tantos nos homens como nas mulheres. Túnicas brancas para eles e burcas pretas para elas.

É muito bom ver como religião, cultura e conceitos se misturam na moda de uma forma incrível e equilibrada.

O detalhe mais importante é que as mulheres já começaram a trocar suas roupas por looks da moda, que, por sinal, são caríssimos.

Uma coisa é certa por lá: Consumo x Compra = Muita e muita compra.

Dubai é uma cidade maravilhosa e com grande potencial para a moda mundial.

Paris? Acredito que vai continuar sendo a Cidade Luz, já que a crise assombra o mundo.

Um detalhe: tivemos o prazer de conhecer o Lounge Super Vip, do Dubai Mall. Um lugar que poucas pessoas têm a chance de entrar, destinado aos Sheiks, à realeza, aos chefes de Estado e às delegações internacionais. Lá é possível ver, de camarote, a dança das águas e uma boa parte da cidade, que fica ainda mais incrível ao entardecer e à noite. Tudo isso visto de um ângulo mágico.

Realmente, uma boa parte do dinheiro do planeta está no Oriente Médio na atualidade, atraindo investidores e turistas de todo o mundo.

Dubai é sinônimo de megacidade e megaestrutura. Tudo lá está entre as maiores obras do mundo, as mais altas e caras também. Com dinheiro se faz tudo nos dias de hoje, e muito rápido.

Cada reunião era um enorme aprendizado do que é Dubai e de como as pessoas estão se adaptando ao mundo em que vivemos com toda a modernidade possível.

Os smartphones são os curingas da moda e, para eles, precisam ser os melhores e mais caros.

Os restaurantes são excelentes, com uma pequena ressalva para o atendimento, que ainda precisa melhorar muito. Lá é necessário tirar o escorpião do bolso. Tem de tudo e, dependendo de onde você for, os preços são para lá de salgados. Portanto, prepare-se para gastar um pouquinho, mas vale a pena.

Tudo isso, minha gente, é Dubai.

Já voltei lá diversas vezes a trabalho e passeio, e sempre vale a pena.

Os prédios estão além da modernidade e, daqui a 100 anos, continuarão sendo modernos.

Uma coisa muito relevante sobre Dubai e Abu Dhabi é que lá não existem roubos e assaltos, e podemos andar tranquilamente em todos os lugares. Lá, a lei funciona de verdade. Não precisa ficar com medo de que alguém abra a sua bolsa para pegar a carteira ou levar joias ou um Rolex.

De fato, senti muita falta dos estilistas e das marcas brasileiras por lá, e, por isso, iniciamos um trabalho para levar os nossos designers para fazerem negócios em Dubai.

A moda está a todo vapor, fervilhando, com muito fluxo e grandes negócios nos shoppings locais. Os estilistas brasileiros possuem um potencial imenso para desenvolverem suas marcas naquela região.

Curiosamente, Dubai não estava na minha lista prioritária de lugares para conhecer no planeta. Agora, podem ter a certeza de que ela está na lista dos lugares que quero voltar sempre e contribuir com o meu trabalho, quando o assunto é consultoria e negócios de moda.

Se você ainda não conhece os Emirados Árabes, está na hora de se programar e dar um pulo até lá. Esteja certo de que ficará com os olhos arregalados com tanta coisa boa, moderna e bonita.

Vá e conte-me tudo depois!

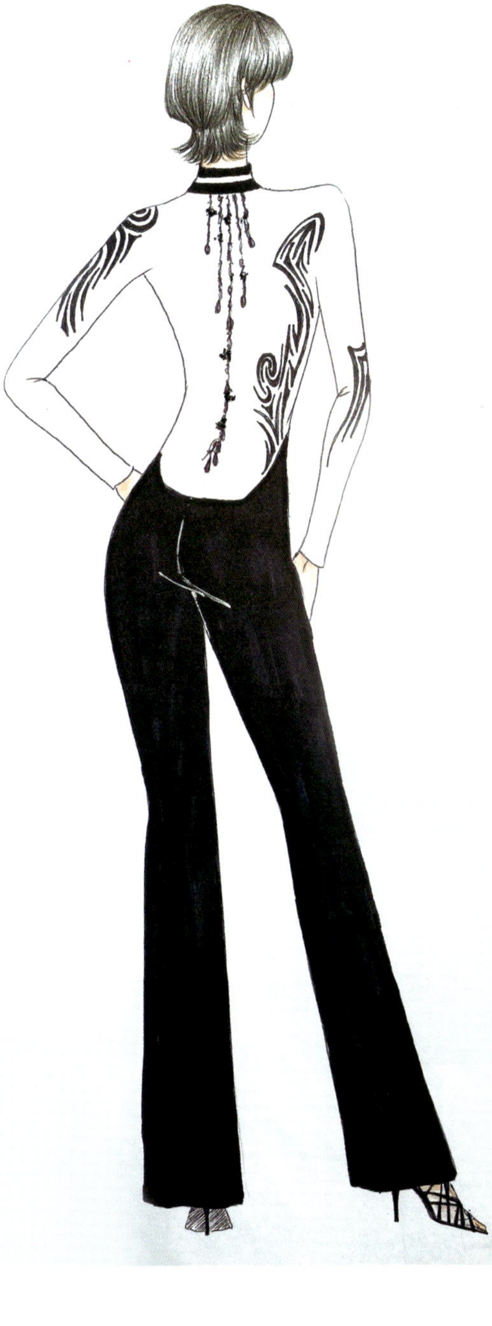

crédito: Washington Ricardo

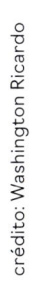

crédito: Yuri Zeredo de Cerqueira

MINHA VISÃO

A vida é uma verdadeira luta. Não importa a posição em que cada um se encontre, o dinheiro que tenha, a fama que queira e o prestígio que, às vezes, não chega.

Cada um é único em sua essência, como ser de luz.

Há mais de três décadas trabalhando com moda, já vi e vivi muitas coisas. Aprendi a conhecer e a aceitar as pessoas como elas são, respeitando quando pensam diferente de mim.

Na vida, é preciso se transformar a cada dia. Esse é o segredo do existir...

Trabalhar em outros países significa ter que ceder, aceitar tudo e todos, obedecer a leis e regras e trocar experiências o tempo todo.

Ninguém é ou será bom em tudo, em tempo integral. Reflexão é o remédio da alma!

A vida não é fácil para ninguém; ela é feita de desafios e responsabilidades diárias.

Meu trabalho (que tanto amo fazer e faço com toda a minha alma e coração) é desenvolvido com total dedicação e respeito ao ser humano.

Já aprendi muitas coisas e passei por um bocado delas. Em algum momento da vida, acredito que todo mundo já pensou em desistir de tudo, correr sem rumo e fechar olhos e ouvidos para a maldade humana. Mas temos de continuar firmes e fortes em nossos propósitos.

Os fortes também choram!

Sempre procurei ser um defensor da moda brasileira para o mundo. Em outubro de 2020, tive a oportunidade de participar de um grande evento de moda em Dubai, levando a moda brasileira para desfilar no Arab Fashion Week.

Foram anos pesquisando, elaborando, planejando e, o mais importante, esperando o momento certo para as coisas acontecerem.

E tudo isso se realizou graças a Reja Silva, que foi a patrocinadora da moda brasileira, tornando realidade a presença das marcas na passarela do evento.

A melhor coisa do mundo é ter a sensação de missão cumprida.

Tarefa dada é tarefa executada!

Sem falar dos nossos designers maravilhosos: Vitor Zerbinato, Andrea Conti, Sandro Barros, Emannuelle Junqueira e Maison Alexandrine, que estiveram conosco nesse primeiro evento em Dubai.

Sem essas marcas tops, o show não aconteceria.

Obrigado por confiarem em mim e no meu trabalho.

Juntos, somos mais fortes.

crédito: Larissa Sayuri de Oliveira Watanabe

MILAN FASHION WEEK

Tive a oportunidade de participar de mais um evento internacional e, dessa vez, em uma das quatro semanas de moda mais importantes do planeta. O Milan Fashion Week (MFW) aconteceu entre 21 e 27 de setembro de 2021, em Milão, na Itália.

Foi um prazer imenso ter levado as criações de Vitor Zerbinato para a passarela, no primeiro dia do evento, para o desfile do projeto Emerging Talents Milan.

Cada look visto no Palazzo Visconti Milano revelou o talento extraordinário de Vitor, reafirmando o seu poder ao vestir mulheres do mundo todo, como Sharon Stone, Eva Longoria, Chrissy Teigen, Gisele Bündchen, Ana Hickmann, entre outras.

Assistir aos desfiles de Milão é incrível. Imagine como fica a cidade durante a realização do MFW! Afinal, o evento reúne nomes pra lá de especiais, tanto na passarela quanto no público que o assiste.

Fiz a direção do desfile do Vitor e pude ver as criações dos outros estilistas, que são primorosas.

Milão respira moda, e pude absorver cada detalhe. Montamos dois showrooms do Vitor Zerbinato: um instalado em uma das dependências do Palazzo Visconti e outro, numa rua badaladíssima de Milão, onde recebemos centenas de pessoas para verem as belas criações do designer.

Foi um sucesso!

No período em que estive lá, pude vivenciar uma de minhas paixões: respirar MODA!

Milão é uma das principais capitais *fashion* do mundo e tem tudo a ver com o meu trabalho.

Nas pausas, pus em prática outra grande paixão: comer e experimentar pratos saborosos. E, dentro da agenda apertada, consegui ir aos restaurantes que gosto e degustar a boa culinária italiana.

Voltando a falar de trabalho, não paramos um dia nesses últimos tempos, mesmo vivendo a pandemia.

Uma honra estar no MILAN FASHION WEEK com a Vitor Zerbinato, marca que faz parte do nosso projeto "Fashion On The Road" pela segunda vez.

Foram 20 dias na Europa, entre Portugal, Milão e Toscana, para criar e realizar diversas ações dessa luxuosa grife do querido parceiro e grande criador José Vitor Zerbinato.

O objetivo foi alcançado com maestria, apesar de cansaço, responsabilidade, desgaste físico e mental, correria (para cumprir todas as agendas de desfiles, reuniões, almoços e jantares de negócios), montar e desmontar dois showrooms, coordenar as equipes locais, desdobrar-se, correr, suar, provar roupas aqui e acolá, trocar e vestir modelos nos desfiles, arrumar malas e malas de roupas, e tantas outras coisas que só quem vive os bastidores sabe.

Retornamos ao Brasil com a sensação de missão cumprida. E só tenho a agradecer por mais uma oportunidade de desenvolver um projeto grandioso e com o significado de divulgar a moda incrível do Brasil para o mundo.

Gratidão a Vitor Zerbinato por confiar sempre no meu trabalho.

Obrigado Reja Silva, por gostar, investir e acreditar na moda brasileira.

crédito: Larissa Sayuri de Oliveira Watanabe

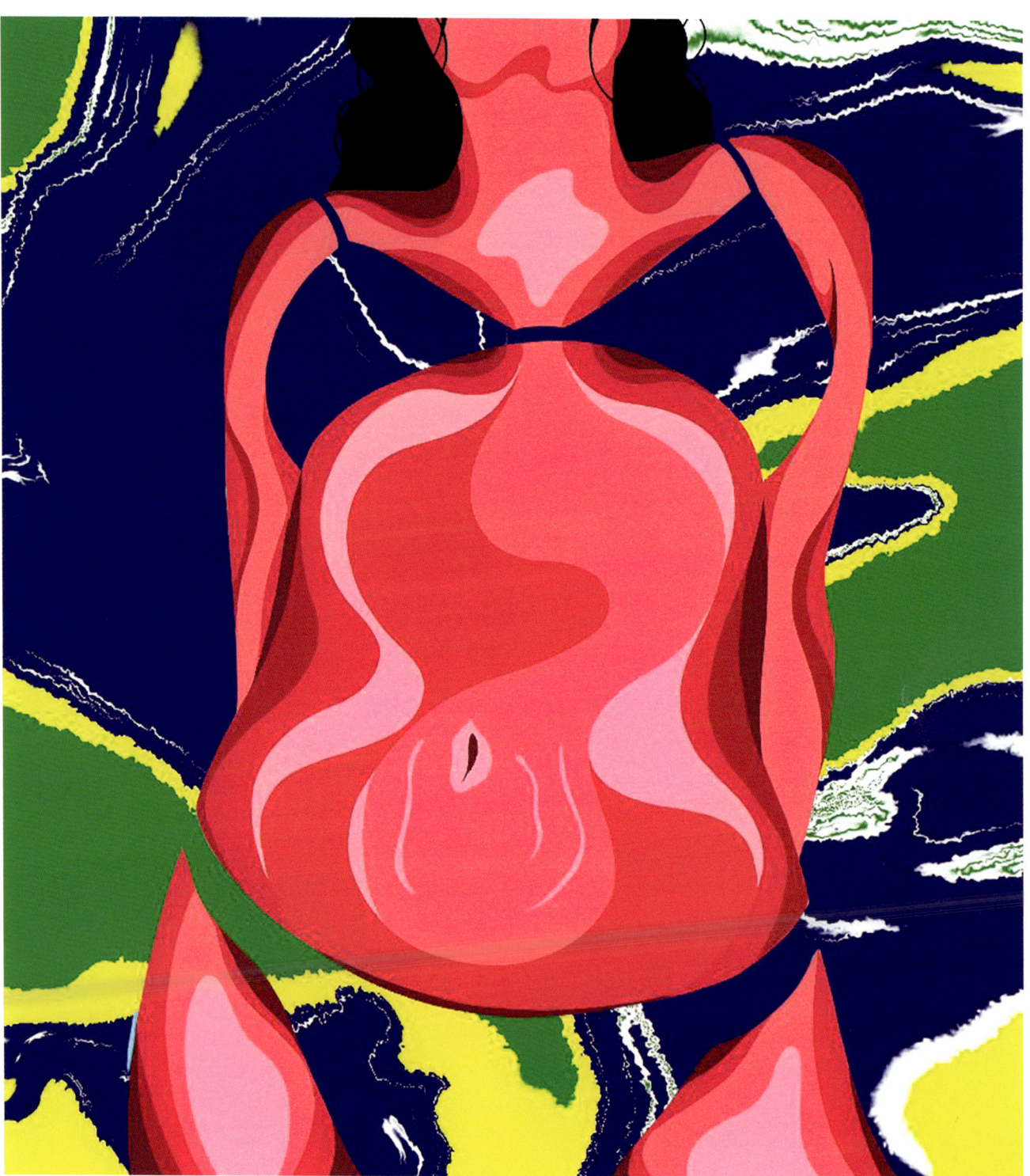

DO BRASIL PARA O MUNDO

Desde que internacionalizamos a Cia Paulista de Moda, nossa filosofia de trabalho sempre foi a de divulgar a moda brasileira no exterior.

Em Angola, à frente da produção do Angola Fashion Week, que se tornou um dos eventos de moda mais importantes da África, tivemos a honra de levar grandes nomes do Brasil para desfilarem suas coleções nas passarelas angolanas. Um evento que me dá um grande prazer e muito orgulho de participar.

No Peru, desenvolvemos um trabalho muito interessante, levando informação e troca de experiências para designers, estudantes de moda, fashionistas, marcas de moda, entre outros. Estar em Lima é estar em casa e colaborar nessa conexão da moda brasileira x peruana.

Em outubro de 2020, em meio à pandemia, levamos marcas importantes para Dubai. Durante o Arab Fashion Week, estilistas brasileiros da alta-costura desfilaram no Oriente Médio, em um evento 100% digital.

Em setembro de 2021, estivemos na Itália para o desfile de Vitor Zerbinato no Milan Fashion Week, e fizemos várias ações para a moda brasileira em Milão e Toscana, por meio de Reja Silva.

São esses importantes convites que nos dão a oportunidade de participar de eventos tão grandiosos, com desfiles e ações voltados para designers brasileiros.

E vamos continuar a levar a moda brasileira adiante, para todo o planeta admirá-la.

Com projetos inovadores, inusitados e extremamente audaciosos, vamos à moda!

crédito: Camila Souza Mendonça

A MODA SE TORNA MODA QUANDO ATINGE O DESEJO DA MAIORIA

A moda está amarrada a uma grande energia, e essa energia sempre contagiará as pessoas pelo mundo. São milhares de peças criadas, lançadas e que estão nas lojas por todo o mundo. Nem todo produto lançado vem com um diferencial de fábrica. Mas uma coisa é certa: a moda só vira moda se conseguir atingir o desejo da maioria das pessoas.

Um exemplo é aquela peça que nem sempre traz o melhor da moda ou é uma novidade relevante. Só que alguém usa, daí o outro vê e usa também e, quando se percebe, milhares de pessoas estão usando. Como entender isso? Acredito que, na maioria das vezes, pode ser algo energético, sim. Bem sabemos que a energia se movimenta o tempo todo e ganha força, envolvendo-se ao coletivo.

Percebo que a moda, sua infinidade de peças de roupas e a tonelada de produtos de outros segmentos precisam de algum atrativo que lhes dê vida e, principalmente, necessitam se tornar um produto desejado por todos. Hoje em dia, tudo o que é produzido precisa ter algo a mais para vender e virar moda.

Há marcas que saem na frente e fazem isso acontecer rapidamente, por vários motivos. Claro que, muitas vezes, elas investem milhões para que isso se transforme em realidade, moda e desejo. Porém, existem produtos que, do nada, conseguem ganhar a atenção e o desejo da maioria das pessoas.

Isso quer dizer que eles têm o poder de virar moda rapidamente.

OS CABIDES VIVOS

Já ouviu falar dos cabides vivos? Assim são chamados os modelos que desfilam nas passarelas. As pessoas costumam nos perguntar o motivo de colocarmos as mulheres altas, jovens e magras nos desfiles. E a resposta sempre é a mesma. Segundo pesquisas, a maioria das mulheres do mundo quer ser alta, magra e jovem. Isso é realidade!

E a moda desfilada na passarela passa a ser um espelho de direcionamento para que as peças sejam desejadas e consumidas por muitas pessoas. Os desfiles que produzo têm um outro efeito e uma outra linguagem. Como trabalho diretamente para o consumidor final, apresento a moda real para pessoas reais ou espero que a pessoa real encontre a sua verdadeira moda.

Por esse motivo, sempre levei à passarela tipos de corpos diferentes, perfis variados e estilos próximos das pessoas. Dessa forma, conseguimos falar clara e abertamente ao público que está assistindo ao desfile e pronto para consumir.

Isso é moda para todos. É aproveitar esse grande espelho que é a passarela e seus modelos desfilando para gerar uma comunicação direta com quem quer e pode comprar moda.

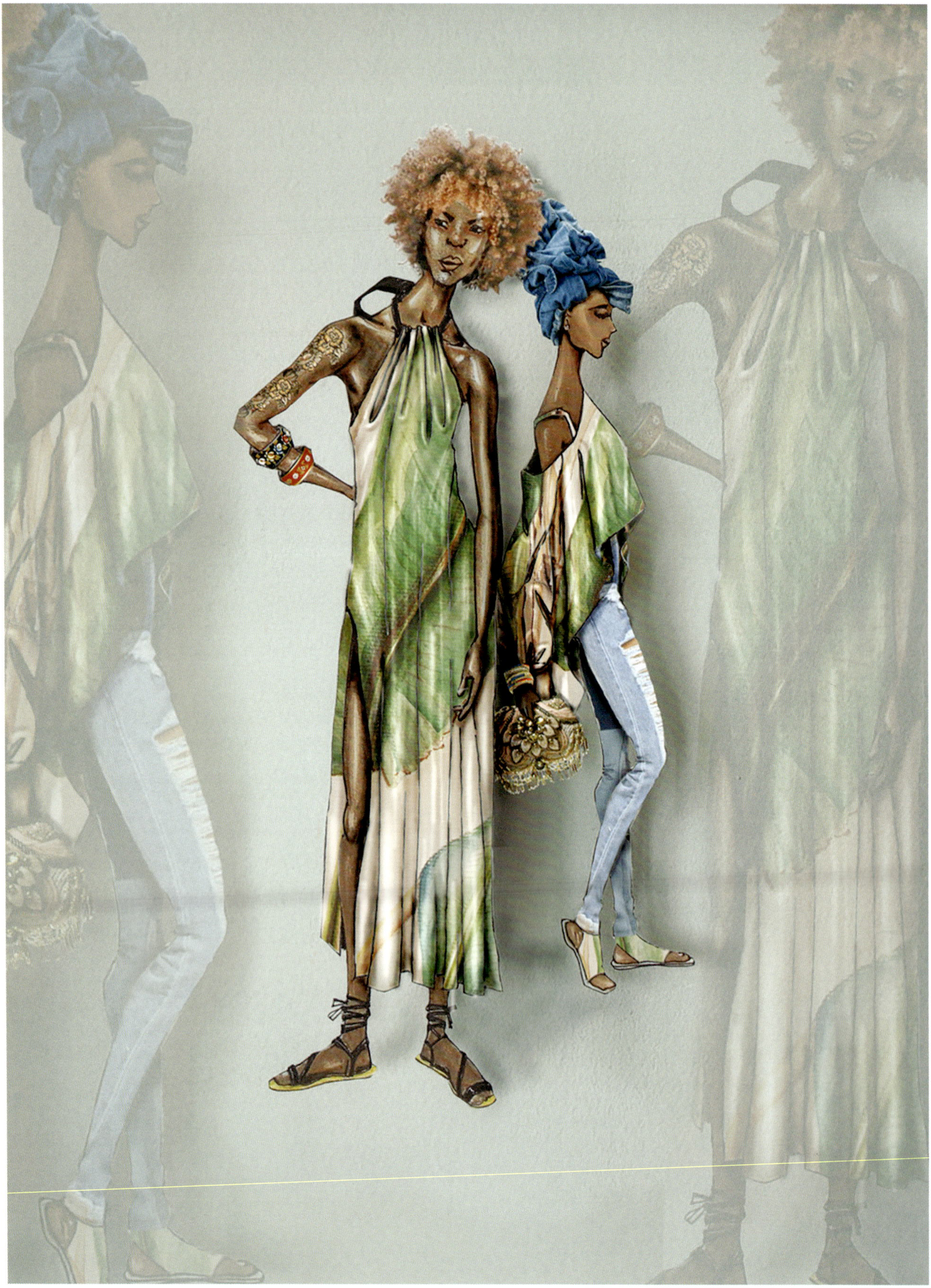

Crédito: Adriano Frangui

GRANDES PRAZERES DA MODA

Bem sabemos que são muitos os prazeres que temos durante o decorrer de nossas existências. Porém, existem alguns que estão entre os primeiros da lista. Comprar roupas, calçados, bolsas, acessórios e perfumes, para muita gente, pode ser algo prazeroso demais, não é mesmo?

Na maioria das vezes, fazemos isso para nos vestir bem e/ou com o objetivo de ser vistos. E podemos fazer essas compras num processo automático. Entramos na loja e, na emoção, vemos algo que nos atrai e o compramos.

Outras vezes, somos levados a comprar impactados pela comunicação publicitária da indústria ou por ver as pessoas usando determinado produto por aí. Isso é negativo? Não vejo dessa forma! Se quisermos consumir, nosso estilo de vida necessitar e pudermos pagar, tudo bem.

Não há problema algum nisso. Até porque precisamos fazer a roda dos negócios girar, para não haver ainda mais desempregos no mundo. E sempre é assim: não preciso, mas compro... Claro que, com a crise global, as pessoas pensam mais e melhor na hora de consumir esse ou aquele produto.

Mas uma coisa é certa, de alguma forma precisamos satisfazer aos nossos desejos. Ainda mais aqueles que nos darão prazer. Nossa vida está ligada ao consumo e aos prazeres de sempre comprarmos algo novo. E isso é muito bom!

OS NOVOS CONCEITOS
Nos dias de hoje, é necessário estarmos atentos às novas linguagens e ideias do mundo em que vivemos. Os novos conceitos da moda são: criar, misturar, inventar, customizar, economizar e mostrar a personalidade. Os R's da moda são: repensar, reduzir, reinventar, reaproveitar, reutilizar e reciclar.

Sabemos que, na prática, esses termos elencados não são tão simples de executar, mas é preciso entrar nesse movimento e se adaptar a um novo estilo de vida. O planeta precisa muito de todos nós. Na realidade, nunca precisou tanto!

O consumo exagerado está causando danos ao planeta que nos recebeu para morarmos e crescermos como seres humanos. É preciso ter um novo olhar para o mundo, as pessoas e a vida. Precisamos cuidar deste planeta, porque ele pertence a todos nós e é a nossa casa. Então, engajemo-nos aos novos conceitos da vida e façamos o melhor para a Terra.

crédito: Ricardo Antonio da Silva

O CONSUMIDOR FINAL

Toda indústria, inclusive a da moda, se movimenta por meio de pesquisas para criar produtos, desenvolvê-los, produzi-los e vendê-los ao consumidor final. Hoje em dia, mais do que nunca, tudo é feito e pensado com estratégia para que as pessoas que querem e podem pagar comprem mais. Tudo é negócio. Tudo se move para os negócios. Na realidade, o mundo se tornou um grande negócio.

Seja qual for o produto, tudo é bem administrado em suas criações e desenvolvimento, para que os consumidores sejam seduzidos. Em minhas consultorias, sempre trabalhei fazendo a ligação entre a indústria da moda e o consumidor final. A cabeça do consumidor está em constante mudança, e a indústria tenta acompanhar seus pensamentos para lançar e vender mais produtos, acredito que de forma direta e com mais critério.

À medida que os consumidores mudam os seus conceitos e prioridades, a indústria precisa se adequar e se adaptar na mesma proporção, velocidade e pensamento. O consumidor está chegando a um ponto muito importante, de ditar as regras de consumo. Isso pode ser assustador para muita gente, mas é real.

Querendo ou não, a máquina que move o mundo – que é a indústria – vem cedendo, cada vez mais, a esse novo comportamento e novo consumo. Sabendo dos diferentes tipos de pensamentos e de consumidores, muitas vezes a indústria passa por grandes aprimoramentos e transformações. Como consumidores, precisamos ser mais exigentes, consumir o que precisamos de verdade e exigir excelente qualidade dos produtos e serviços prestados.

O consumidor precisa ser tratado com total respeito, já que é ele quem paga as contas e move o mundo e todos os negócios. Muita gente ainda não entendeu isso, ou sequer percebeu. O consumidor bem tratado e respeitado será fiel e continuará a consumir. Além de indicar os produtos/serviços a muitas outras pessoas.

E, acredite, nada é mais forte do que o boca a boca. Isso vende e alavanca qualquer negócio. Pense nisso!

A MODA É FEITA PARA NÓS
Você sabia disso? Qualquer produto, independentemente do que seja, sua origem e por quem foi lançado, foi desenvolvido e feito pensado para nós. Nada é feito por acaso. Tudo tem um critério de origem para ser criado, produzido e consumido. Tudo é pesquisado e elaborado para nos seduzir e fazer com que compremos.

Já que é assim, precisamos sempre analisar os lançamentos, rever se eles poderão fazer parte da nossa vida e do nosso consumo. Devemos pensar se combinam conosco e se fazem parte do nosso estilo pessoal.

crédito: Claudia Epiphanio

MODA PARA TODAS AS IDADES

Em qualquer lugar do mundo, seja qual for a moda, a origem ou a marca, os produtos são feitos e distribuídos para atingir todas as idades. Mais do que nunca, a indústria da moda pensa em tudo e em todos. Tudo o que é feito precisa ser comercializado.

Todos os produtos são desenvolvidos para ser vendidos. Todas as pessoas têm o direito de consumir e vestir o que querem e podem pagar – em especial aquilo que está na moda. O consumidor tem o direito de usar peças que fazem parte das tendências de cada estação.

Observo que, a cada dia que passa, as pessoas querem se parecer mais jovens, e isso se tornou algo normal. Claro que tudo precisa ser feito e analisado dentro da realidade de cada indivíduo. Quando se atinge uma certa idade, é preciso entender o que cai bem no corpo, o que vestir e o que não vestir, quais as partes que podem estar à mostra e as que não devem ser vistas em hipótese alguma, e por aí vai.

Esse, sim, é o pensamento moderno sobre a questão de a moda abranger todas as idades. E reforço: a moda é para todos, para todas as faixas etárias.

HOJE TUDO PODE

É possível ler ou ouvir essas palavras o tempo todo por aí. Será que essa frase, que está na boca das pessoas, realmente procede?

Decerto que sim, mas não exatamente dessa forma. Tudo pode dentro de critérios, análises individuais e responsabilidade. Quando se fala de moda, essa análise é imprescindível. Quando nós, os especialistas no assunto, falamos que "hoje tudo pode", queremos dizer que "tudo está na moda".

Agora, querer e poder são coisas contraditórias e costumam ter consequências que, na maioria das vezes, podem ser negativas. A responsabilidade de optar por este ou aquele look, por um ou outro acontecimento, precisa ser estudada, analisada com critério, bom senso e sabedoria, sempre.

"Quem sou eu? O que posso vestir? Aonde vou? Quem vou encontrar?" Estas são questões importantes a se fazer quando você ouvir que *hoje tudo pode*. Prefiro dizer que tudo é possível àquele que se conhece de verdade, se respeita e, em especial, respeita os demais. Assim esse assunto fica mais claro, pois ele pode ser bem delicado e, com frequência, um tanto complicado.

Portanto, seja você de verdade e use o look adequado a você, à sua personalidade e ao mundo em que vive.

crédito: Yuri Zeredo de Cerqueira

A INDÚSTRIA DA MODA PENSA EM TUDO E EM TODOS

Sim, o tempo todo. A indústria da moda pensa em sexo, corpo, idade, peso, clima, estilo de vida das pessoas, condição financeira e tudo mais. Sabemos que o planeta está mais quente e o dinheiro, mais curto. A crise assombra o mundo e a moda está deixando de ser moda na sociedade.

Essas são ferramentas importantes que fazem os criadores desenvolverem os seus produtos, pensando em cada situação que envolve o mundo, o momento e as pessoas.

MARCA E MODA

Ao longo da trajetória que fiz pelo mundo da moda e nessas mais de três décadas trabalhando e respirando moda todos os dias, cheguei à seguinte conclusão:

MARCA x MODA x NEGÓCIO = CONSUMIDOR FINAL

Nem todos os que pertencem ao segmento conseguem ter essa visão, mas é preciso tê-la, pois é assim que funciona esse universo.

Saiba que a moda está mudando com o movimento e o processo evolutivo do planeta. Todos nós sabemos que a moda é feita para gerar grandes negócios.

No *fast fashion*.
No *prêt-à-porter*.
No mercado de luxo.
Na alta costura.
Na moda sob medida.

As marcas estão descobrindo a cada dia os seus mais novos caminhos.

RESPEITANDO O CORPO, SEMPRE.

O corpo é uma máquina viva, cheia de emoções, linguagens diversas, sentimentos e movimentos. Ele sempre dará vida às peças de roupas, sejam elas quais forem. Nenhuma peça terá vida sem um corpo para vestir. Portanto, cabe a você se conhecer, se aceitar, se amar e entender todas as partes do seu corpo. Isso é fundamental e vai além de vestir qualquer peça de roupa.

Descubra o que *pode mostrar* e o que *não deve mostrar*. Saiba como tirar proveito do seu corpo a partir da moda a que tiver aderido. Se ainda não o fez, comece a se conhecer agora mesmo. Isso vai ajudá-lo no momento de escolher o look e passar o melhor de você.

E, caso trabalhe com moda, aprenda a conhecer o corpo da pessoa que você vai ajudar a vestir. Respeitar e conhecer o corpo são pontos fundamentais, que vão *além da moda*.

crédito: Ricardo Antonio da Silva

CABELO E MAQUIAGEM

Não sou nenhum especialista em cabelo e maquiagem, mas já trabalhei com grandes nomes e profissionais incríveis desse setor. Aprendi e aprendo muito com eles.

Sempre faço um estudo com a minha equipe de trabalho, sobre o cabelo/penteado e a maquiagem ideal para os desfiles e ensaios fotográficos que produzo e dirijo. Isso tem um impacto positivo, de referência e informação, às pessoas para as quais levamos uma mensagem atual de moda.

Cabelo e maquiagem são ferramentas bastante importantes dentro da moda e do visual como um todo. Nada autoriza a má apresentação. Descubra qual é o corte ideal e a cor certa para o seu cabelo, para fazer a maquiagem adequada e correta para os diversos compromissos que você tem. Dessa forma, você terá grandes melhorias no seu visual, pode apostar!

Não adianta nada ter um look incrível e da moda se o cabelo e a maquiagem não estiverem adequados. Porque, assim, não se criará um estilo harmonioso entre você e seu look. Pense nisso como ferramenta de sucesso na sua apresentação.

E saiba que moda e estar bem-vestido e com o visual certo são um pacote de coisas.

Quando o cabelo está bem tratado e cuidado, e a maquiagem está correta, eles se revelam como fatores essenciais para trazer sucesso pessoal e total harmonia à sua pessoa e ao seu look.

credit: Hector Angelo

A MODA BRASILEIRA

Sou um verdadeiro apaixonado pela moda brasileira. Acredito fielmente que poderíamos estar muito mais longe nesse quesito, pelo mundo afora. Temos grandes criadores, excelentes marcas, matérias-primas incríveis e, como se não bastasse, nossa fauna e flora nos dão um carimbo com ingresso para esse mundo fashion.

Vivemos num país tropical, abençoado por Deus e pela natureza. O brasileiro ama moda, música, comida e festa. Temos uma indústria fortalecida e estruturada. Temos uma imensa diversidade de cores em nosso país. O carnaval revela ao mundo uma moda para lá de alegre.

Temos uma importante semana de moda, a São Paulo Fashion Week (SPFW), que está entre as melhores do mundo e se reinventa a cada temporada. Temos por volta de 600 shoppings centers espalhados pelo Brasil, levando a moda adiante. Os brasileiros, mulheres e homens, gostam de se vestir bem.

Tem como não amar o Brasil e todas as suas maravilhas?

A VELOCIDADE DO TEMPO

Como já citei algumas vezes no decorrer do livro, tudo muda o tempo todo. Acredito que você também já tenha percebido isso! Hoje em dia, é quase impossível calcular a velocidade do tempo. A moda sempre acompanha essa velocidade e transformação.

Precisamos nos conectar mais à velocidade do tempo. Tudo passa e sempre passará. O que colocávamos em nossos corpos ontem poderá não cair bem amanhã. O que comíamos ontem pode não nos trazer prazer hoje. O que usávamos tempos atrás cairá em desuso logo mais.

As coisas mudam, os pensamentos amadurecem, os desejos são substituídos, os relacionamentos acabam e um tanto mais de coisas mudam o todo tempo. Isso se chama mudança e velocidade do tempo. É preciso se conectar mais, sabendo o que fazer, comer, comprar, ter e usar, como ser, agir, ouvir, falar, ver e crer nessa realidade tão moderna e veloz.

Aprenda que vivemos em tempos dinâmicos e que, para o nosso sucesso pessoal, é preciso ter sempre novos pensamentos, muita criatividade e novas ideias. Confie nisso e estará pronto para a mudança de hoje e do amanhã, e para se adaptar à velocidade que move as pessoas, os gostos, a vida e o tempo.

crédito: Reubens

LIFESTYLE

Quando paro para fazer as minhas pesquisas, percebo que, cada vez mais, tudo está ligado a *lifestyle*. O tempo todo, tudo é movido pelo estilo de vida das pessoas.

Hoje, a grande preocupação dos criadores é saber qual produto criar e, claro, vendê-lo a quem já descobriu seu estilo de vida e sabe do momento em que vive.

Na realidade, praticamente tudo está baseado no estilo de vida do ser humano. Isso é *lifestyle*!

É IMPORTANTE ESTAR SEMPRE CONECTADO

Procure estar conectado a tudo e a todos, o tempo todo. Trabalhando ou não com moda, sendo ou não fashionista ou adepto desse mundo fashion, é preciso tentar entender o mundo da moda, o que rolou nas passarelas, como anda a moda de rua, o que está na internet e é adequado para ser usado, o que as pessoas querem e podem usar, as cores da moda, as tendências da próxima estação, as propostas das marcas, os materiais usados, os lançamentos dos produtos e itens de que você gosta, o *lifestyle* e tudo mais.

Estar conectado à vida e ao estilo de vida das pessoas pode nos ajudar a viver melhor e de uma forma mais moderna. O importante é pesquisar e entender o que combina com você e o que você quer, gosta e pode comprar.

Conexão é uma das grandes palavras da moda. Hoje em dia, não é difícil se conectar e se informar. Basta querer e estar aberto para o mundo, suas transformações e mudanças, que acontecem diariamente e por todos os cantos. São tantas as informações que temos de toda parte do mundo, vindas de todos os lados e de todos os setores da vida, que mal conseguimos vê-las, ouvi-las, percebê-las, entendê-las, analisá-las e digeri-las.

Muitas vezes, torna-se difícil administrar tanta informação, mas vale a pena esforçar-se nisso. Quando conectados a este mundo atual, marcado pelo dinamismo, ficamos abertos a todas as novidades, mudanças e informações positivas que fazem parte dessa grande conexão à qual pertencemos, espelhando o que somos, nosso bem-estar, nossa bondade e o desejo de vivermos bem.

E, claro, se nos conectarmos ao universo, estaremos um passo à frente para a nossa transformação como seres humanos de luz.

crédito: Matheus Barreto Motta

O MUNDO DA MODA É ENVOLVIDO POR EGOS E VAIDADES

Amo trabalhar com moda, respirá-la e vivê-la todos os dias. Mas, acredite, administrar egos e vaidades sempre foi um problema para mim. Esse mundo tem essas particularidades e não há como fugir disso.

Muita gente se sente dona do planeta, e não é bem por aí que as coisas funcionam. Somos seres individuais, só que vivemos em um mundo coletivo. Reflita sobre isso! Não estamos sozinhos aqui e também não conseguimos fazer nada sozinhos no meio em que vivemos.

Às vezes eu me pergunto: "Quando teremos um remédio para o ego e a vaidade?". "Será dose única?" Quem inventar esse remedinho ficará bilionário, com toda certeza.

Cada vez mais, é necessário entender o mundo e as pessoas, o que não é fácil para nenhum de nós. E, quando se trabalha com pessoas, é preciso saber o que é um bom atendimento, ter bom relacionamento interpessoal, ser humilde com todos e ter noção de boa ética e bom comportamento.

É preciso estar atualizado, ir um pouco além, ser bom como pessoa e, obviamente, ser do bem. A informação é uma arma poderosa, que pode ser usada a nosso favor o tempo todo.

SEDUÇÃO, DESEJO E EXPECTATIVA

Para mim, esses são os principais ingredientes para vender o que está na moda, seja qual for o produto. Quando somos seduzidos por algo, vem um grande desejo que vai gerar aquela expectativa e, naturalmente, nos fazer consumir.

A sedução faz parte da vida e tem muita importância para impulsionar a moda ou vender o produto. Quando algo nos seduz, queremos tê-lo, comprá-lo, custe o que custar. Quente e empolgante, a palavra *sedução* faz gerar negócios superlucrativos para a indústria da moda mundo afora.

Quem nunca se sentiu tentado a comprar este ou aquele produto? O desejo está dentro de cada um de nós. Basta vermos algo interessante que esse sentimento floresce e ficamos a um passo do consumo.

Na realidade, a vida é uma grande expectativa, e tudo é gerado em torno das expectativas que nutrimos. Caso alguém não tenha nada de expectativa, pode ter certeza de que há algo de errado dentro dela. Sedução, desejo e expectativa fazem parte dos nossos sentimentos internos e das nossas verdadeiras emoções.

crédito: Héctor Angelo

QUAL É O MELHOR *LOOK*?

Ouço muito essa pergunta. E a resposta é sempre a mesma: o melhor *look* é aquele com que você se sente bem, feliz e confortável. Aposte naquilo que você gosta, confia e acredita. Pense sempre em conforto e praticidade. Mas não deixe de fazer pesquisas e, muito menos, de se conhecer internamente, não só externamente.

Vista-se de forma adequada, sabendo o que cai melhor em você e se adapta ao seu estilo de vida, que é único, pessoal e intransferível como você deve ser. Use sempre o espelho e saiba que ele é o seu grande aliado. Se quiser e puder seguir a moda e suas tendências, será de grande importância.

Pesquise um pouco de tudo, descubra-se a cada dia e saiba que todos têm a mesma preocupação que a sua, que é a de sair com a roupa condizente com a situação. E, quando montar aquele *look* incrível, o ideal é deixar passar o melhor de você e de sua personalidade.

Minha dica é única: vista-se de você, sempre!

FASHIONISTAS DE PLANTÃO

Hoje em dia, existem muitos fashionistas! São aqueles que pesquisam, assistem aos desfiles, buscam informações nas revistas, conhecem um pouco do mercado fashion, estão sempre conectados às redes sociais, preocupam-se na hora de escolher o *look*, entrosam-se com esse universo, recebem e levam informações de moda, são bastante antenados, fazem experiências *fashion* e muito mais.

Como o mundo está mudando, isso faz com que as pessoas que estão abertas mudem na mesma proporção.

Ser fashionista é conhecer, ter bom senso e um certo entendimento de moda. Isso influencia diretamente a maneira como ele se veste, destacando-o entre os demais pela elegância, personalidade ímpar, ousadia de misturas, entre outros fatores. O fashionista ganha destaque até mesmo na hora de passar algo positivo de sua imagem, por meio de uma foto postada nas redes sociais.

Mas, assim como existem os fashionistas, obviamente há os que são carentes de informação e que precisam de dicas verdadeiras. Daí a importância de pesquisar, se conhecer e vestir de forma adequada e atual. E, se você for passar alguma informação de moda a quem ainda é leigo, é necessário que o faça de uma forma didática, sábia, objetiva e cheia de encantos.

APAIXONADO POR MODA

Realmente, sou apaixonado por esse mundo que se chama *moda*. Trabalho com isso com tanto amor que muitas pessoas nem imaginam. Sabemos que, na vida, tudo tem os dois lados da situação, e na moda não é diferente. Temos o lado positivo e o negativo desse universo fashion.

Vejo pessoas que só conseguem enxergar o glamour desse mundo fascinante. Não é bem assim! A moda para mim é um grande negócio, e enxergo-o como um negócio de responsabilidade. É preciso pesquisar e conhecer muito esse mundo: seja a indústria que produz, abastece e gera desejo nas pessoas com a sua infinidade de produtos criados e desenvolvidos constantemente; seja o consumidor final, que está cada vez mais preocupado, antenado, seletivo e no caminho do consumo consciente.

crédito: Cláudia Epiphanio

A MODA DAQUI A ALGUNS ANOS

Estamos em 2022, e a pergunta para os profissionais do setor de moda e os fashionistas é sempre a mesma: "Como será a moda daqui a alguns anos?" Por esse motivo e pela importância de se pensar no futuro, sempre desenvolvo pesquisas sobre a moda como um todo e como ela será no futuro.

A moda é e sempre será vanguarda. Quando se trata de moda, se pararmos para analisar, não é tão simples assim dizer como serão os lançamentos e as roupas, mesmo que seja para a próxima estação ou a próxima temporada das semanas de moda pelo mundo. Imagine, então, como será a moda daqui a 50 anos. Difícil prever!

Já que tudo muda o tempo todo, a moda sempre acompanha esse movimento. Na realidade, as coisas estão em constante transição. Devido às mudanças no mundo, no comportamento e no estilo de vida das pessoas, só podemos dizer que a moda, que está ligada diretamente a tudo isso, mudará muito. Não canso de dizer que o mundo é outro e sua transformação é gigante.

Há pessoas preocupadas com o planeta, sim, pode acreditar! Muitos já perceberam e entenderam que diversas coisas precisam ser revistas e repensadas. Bem sabemos que as coisas não acontecem do dia para a noite. Tudo tem o seu tempo e o tempo certo para mudar e acontecer.

Mas vejo que o tempo é agora, e precisamos parar e repensar tudo. Acredito fielmente que muitas coisas mudarão com rapidez daqui para frente. Ou melhor, já estão mudando e, com frequência, não conseguimos perceber ou nos conectar a essas transformações todas. Claro que falta muito e bem sabemos disso! Há diversos jovens com novas ideias e inseridos nesse processo de mudança. Temos novos pensadores e novas responsabilidades para com o planeta, esteja certo disso!

E a moda, que é altamente importante na vida das pessoas e que consome muita matéria-prima para ser desenvolvida, precisa saber do seu papel em recriar um novo momento com amplas responsabilidades ambientais. Essa cadeia que, anualmente, movimenta um mercado milionário pelo mundo, e que é responsável por vestir tanta gente, colabora em parte para o desgaste e o descontrole deste lugar que escolhemos para viver, chamado Terra. Muita gente não tem ideia do funcionamento dessa cadeia para manter centenas de milhares de lojas abastecidas pelo mundo afora e gerar tantos empregos. É uma superprodução, que não para de trabalhar nunca e que, claro, muitas vezes contamina rios, mares e terras, e traz muitos malefícios para o planeta azul no qual vivemos.

Realmente, é hora de repensar tudo.

OLHANDO PARA O FUTURO
Estão sendo realizados vários eventos e ações pelo mundo, que promovem conversas sobre o futuro da moda e da tecnologia. Sabemos que ainda é pouco, mas já existem movimentos com a grande preocupação de fazer as coisas de forma mais consciente, sustentável, ética e correta.

As novas ideias oferecem um vislumbre de como a tecnologia pode ser usada para redirecionar e reduzir o desperdício na moda, como é o caso de empresas que tecem o jeans usando garrafas recicladas retiradas do oceano para a linha de roupas. Precisamos olhar adiante e nos preocupar cada vez mais com o planeta Terra.

crédito: Yuri Zeredo de Cerqueira

MODA E SUSTENTABILIDADE[1]

Moda sustentável, também conhecida como *eco fashion*, é um conceito definido por metodologias e processos de produção que não são maléficos ao meio ambiente. Ou seja, a criação de roupas e acessórios que não causam danos ao ecossistema que existe ao redor da cadeia de produção desses itens.

O algodão é a fibra democrática, inclusiva e, de certa forma, sustentável da moda. O movimento criado incentiva o uso dessa fibra tão essencial no mercado *fashion* brasileiro. Resíduos químicos, produção em massa e consumismo são subprodutos de uma economia global e industrializada que compromete todo o sistema de vida por aqui.

Com a indústria da moda não é diferente. Ao longo das décadas, a tecnologia ajudou a indústria a atender a demanda crescente, tornando a produção mais eficiente e barata. Impulsionada pelas constantes exigências do *fast fashion* por novos estilos, a superprodução levou a uma série de problemas adicionais, como o aumento dos resíduos químicos durante a produção, juntamente com milhares de toneladas de resíduos de roupas usadas, descartadas ou doadas.

A indústria da moda possui outras categorias além da moda masculina, feminina e infantil. A União Europeia está bem à frente no quesito sustentabilidade, e criou leis rígidas para eliminar o descarte de materiais têxteis nos aterros para os próximos anos, exigindo que a indústria da moda crie novas alternativas de economia circular, para reciclar toda essa matéria-prima em novos tecidos e materiais. Por esse motivo, já estamos vendo muitas grandes marcas de moda criando pontos de coleta de roupas em suas lojas.

Felizmente, estão aparecendo novas tecnologias de reciclagem química, que transformam toneladas de resíduos de alimentos, roupas velhas e até esterco de vaca em novos tecidos sustentáveis biodegradáveis, para substituir os tecidos de algodão comum e poliéster que dominam um grande percentual do mercado de moda, cuja produção não é sustentável.

Os designers de moda, no entanto, estão agora fazendo uso da tecnologia para criar roupas e acessórios ambientalmente conscientes, que oferecem um vislumbre do futuro e uma crítica a uma indústria poluente, que, em breve, será forçada a resolver alguns dos problemas desencadeados pela produção em massa.

---

[1] Fonte: http://www.sindicatodaindustria.com.br/noticias/2017/05/72,110780/o-futuro-
-da-moda-e-a-sustentabilidade-e-a-sustentabilidade-e-a-nova-moda.html.

crédito: Matheus Barreto Motta

MODA E POLUIÇÃO[1]

O mercado de vestuário dos EUA é o maior do mundo, com um percentual enorme do volume total. Muitas empresas aderiram ao modelo insustentável do *fast fashion*, que ganhou força a partir da década de 1990, quando os consumidores foram acostumados a encontrar roupas novas nas prateleiras quase que semanalmente, e não mais uma vez por temporada.

Porém, enquanto a tecnologia permitiu que as empresas produzissem roupas de forma mais rápida e com menor custo, a rapidez do *fast fashion* ajudou a tornar a moda a segunda indústria mais poluente do mundo (atrás somente da petrolífera), a segunda em consumo de água (depois da alimentícia) e a primeira em obsolescência programada (superando a de eletrônicos).

Uma única peça de roupa resulta em um grande desgaste ambiental durante seu processo de vida, que inclui agricultura, colheita, produção, processamento, transporte, uso e descarte.

Pesticidas na cultura do algodão, tintas tóxicas na fabricação e resíduos das roupas descartadas nos aterros só fazem aumentar os custos ambientais de uma peça de vestuário. Alguns materiais, como o algodão, são recicláveis e biodegradáveis, enquanto outros materiais sintéticos, como o nylon e o poliéster, são recicláveis, mas não biodegradáveis.

Mesmo lavando, essas roupas sintéticas podem enviar milhares de minúsculas fibras e produtos químicos ao oceano.

[1] Fonte: http://www.sindicatodaindustria.com.br/noticias/2017/05/72,110780/o-futuro-da-moda-e-a-sustentabilidade-e-a-sustentabilidade-e-a-nova-moda.html.

crédito: Bernardo Rostand

REPENSANDO SOBRE OS ANIMAIS

Acredito que a moda feita com pele de animais específicos logo ficará no passado. Hoje em dia, quem dita a moda é o consumidor final, e ele está mais consciente do que nunca. Algumas marcas importantes já anunciaram o fim da utilização da pele animal. Infelizmente, falta um bocado ainda para a total conscientização. Tem gente que gosta e quer pagar caro por isso. É assim que funciona!

Creio que é a hora de observarmos o movimento do planeta e toda a energia que envolve a nossa evolução. Mas vejo também que estamos indo para um caminho bom e sem volta. Caminhamos para a era da luz, e isso me deixa feliz e radiante. Nada contra o desejo das pessoas em relação a esse ou àquele consumo, e sim a favor de uma boa energia que mudará o nosso sistema de vida.

Decisões como essas podem ser um passo significativo para o fim da crueldade contra os animais. Claro que falamos de sustentabilidade e sabemos que as pessoas não deixarão de comer carne, pelo menos não imediatamente.

É óbvio que tudo precisa ser aproveitado ou reaproveitado, como em relação ao abuso para com alguns animais, com o objetivo de aproveitar suas peles e seus couros. É um assunto um tanto polêmico e sei bem disso. Mas precisamos adentrar nesse novo movimento e, de alguma forma, tentar ver o novo mundo, as novas crenças, as pessoas como um todo e o novo consumo. E ver as coisas com os olhos da alma, ser mais seletivos na hora de consumir e fazer isso com mais consciência.

Para quem ainda gosta e precisa dos produtos com peles, não podemos falar que é certo ou errado. Podemos apenas dizer que vale a pena refletir sobre o assunto e todo o seu processo. Naturalmente, ainda teremos o couro do gado nos calçados, em jaquetas, nas calças ou em outros produtos. Talvez o reaproveitamento do couro da carne que é consumida pode valer a pena de alguma forma.

Mas volto a dizer que é um momento de reflexão.

credito: Camila Souza Mendonça

UM PROPÓSITO NA MODA[1]

Devemos repensar o ciclo de vida completo do vestuário para acabar com todo o desperdício, criando novas tecnologias, por meio das quais todos os resíduos possam ser reciclados e reintroduzidos na cadeia de produção de forma contínua, de acordo com a economia circular.

As tecnologias de fabricação de moda de economia linear causaram o aumento de resíduos em larga escala. Mas isso está começando a mudar! Já temos estilistas e marcas tentando reformular as práticas da indústria, utilizando tecidos orgânicos ou tecidos feitos de reciclagem de materiais, para diminuir o desperdício de água, energia, tempo e produtos químicos.

Outras empresas também estão envolvidas em projetos que estudam o seu impacto sobre o planeta. Há pesquisas para dissolver quimicamente roupas velhas com o objetivo de criar uma nova fibra de qualidade, fabricando, por exemplo, calças jeans. Uma alternativa sustentável para o uso intensivo de água na produção de algodão. Por meio da reciclagem, milhares de toneladas de jeans velhos podem agora ser transformados em novas fibras ou em um novo material bioplástico chamado DenimX, passível de ser utilizado de diversas maneiras.

Grandes redes de *fast fashion* estão se movimentando em direção à economia circular, investindo no recolhimento, em suas lojas, de roupas velhas para reciclagem, além de tecidos feitos com algodão orgânico, algodão reciclado, poliéster reciclado e tecidos feitos de resíduos pós-industrializados. Existem investimentos dos grandes grupos pensando na economia circular e em novas tecnologias para resolver o problema dos resíduos na moda.

Esse é o novo caminho da moda mundial.

---

[1] Fonte: http://www.sindicatodaindustria.com.br/noticias/2017/05/72,110780/o-futuro-da-moda-e-a-sustentabilidade-e-a-sustentabilidade-e-a-nova-moda.html.

crédito: Yuri Zeredo de Cerqueira

A NOVA DIREÇÃO NA MODA[1]

A venda de tecidos inteligentes não para de crescer mundo afora. Gera, anualmente, lucros bilionários. As tecnologias vestíveis crescem muito a cada ano. Vejo que é um caminho sem volta! Estamos assistindo ao desenvolvimento de tecidos, que são chamados de inteligentes. São roupas infundidas, com elementos tecnológicos, que interagem com o corpo de quem está vestindo.

Além de criar novos nichos e novas situações na indústria da moda, essa tecnologia vestível traz múltiplas possibilidades e capacidades multifuncionais para roupas e acessórios, por meio de tecidos e materiais inteligentes. Com o decorrer do tempo, acredito que as roupas se tornarão computadores vestíveis, cuja tecnologia miniaturizada estará integrada à fibra têxtil de forma quase imperceptível, e, claro, conectando-se ao mundo online.

As inovações desse setor estão progressivamente sendo estimuladas por grandes corporações, novas startups, escolas de design e universidades, juntamente com designers, estilistas, cientistas, mídia e especialistas em tecnologia, para unir a moda, a ciência e a eletrônica.

A tecnologia vestível pode criar roupas que se autorreparem quando furadas, peças antiodor que só precisam ser lavadas poucas vezes, roupas que gerem energia a partir do movimento do corpo e energia solar para alimentar dispositivos eletrônicos, peças que mudem de cor, textura e estampa para eliminar a necessidade de comprar roupas novas, e roupas que monitorem a saúde e os exercícios físicos de forma eficiente.

Esse é o novo mundo, de novas possibilidades, e será a nova forma de se vestir.

---

[1] Fonte: http://www.sindicatodaindustria.com.br/noticias/2017/05/72,110780/o-futuro-da-moda-e-a-sustentabilidade-e-a-sustentabilidade-e-a-nova-moda.html.

crédito: Hector Angelo

MOMENTO DE INCLUSÃO

A moda caminha para ser mais inclusiva, e isso nos deixa muito felizes. Vivemos num momento de inclusão, e esse assunto, por mais delicado que seja, precisa ser analisado e repensado pela indústria, pelas marcas, pelos grandes grupos da moda mundial e por todos nós.

A moda realmente é para todos, independentemente de cor, raça, tipo físico e conta bancária. Cada um comprará de acordo com o que quer e pode pagar. Mas o assunto inclusão precisa ser respeitado e avaliado, pois ele também está na moda.

Nessas décadas todas trabalhando com moda, sempre fiz questão de levar às passarelas os mais diferentes estilos de pessoas, para mostrar os looks dos desfiles. Saiba que a passarela é o espelho da realidade. Com isso, aproximamos a moda das pessoas de forma saudável, natural, precisa, objetiva, desejada, sedutora e encantadora. Digo por mim e pelo meu trabalho, que é feito dessa forma e com esse pensamento.

"Moda real" e "pessoa real" sempre fizeram parte da minha filosofia de vida e de trabalho. Isso está conectado ao meu ser, e levo esse tema em minhas consultorias e para todos os meus clientes espalhados pelo mundo.

Lembro-me claramente de quando colocamos, pela primeira vez, uma transexual nas passarelas do Bom Retiro Fashion Business, em São Paulo, num desfile democrático e que acontecia numa grande passarela montada em plena rua movimentada, há algumas décadas. A imprensa toda falou e elogiou, algumas pessoas criticaram, muitos convidados ficaram sem entender nada. Mas era um passo para a modernidade… E, olhando os dias de hoje, provamos que fomos vanguardistas, já que as coisas mudam o tempo todo.

Sempre tenho negros e negras nos desfiles e nas campanhas que dirijo em qualquer lugar do mundo. E é muito prazeroso trabalhar com eles estando à frente da direção e organização do Angola Fashion Week.

Mulheres maduras e com mais de 30 anos já roubaram, por diversas vezes, as cenas em meus desfiles. Todos nós envelhecemos a cada dia, e a moda é para todos. Na realidade, quem passa dos 30 está entrando no movimento global e atual de se cuidar em todos os sentidos, com o objetivo de viver mais e melhor.

Às modelos *plus size*, só tenho elogios. Há décadas, elas estão presentes em meus trabalhos, cuja bandeira eu levanto em defesa desse movimento. Sem contar o carinho, o respeito e a atenção que todas têm por mim e por minha equipe.

Quando iniciamos a nossa parceria de consultoria e curadoria para o Mega Fashion Week, que é o evento de moda do maior shopping center atacadista da América Latina, deparei-me com roupas grandes para modelos que vestiam 38. Não tinha como dar certo, devido à modelagem, ao caimento e ao visual.

Então, falamos com a diretora de marketing do mall, Juliana Gama, que seria necessário levar à passarela modelos gordinhas, que hoje chamamos de *plus size*. Ela concordou de imediato, e a primeira pessoa que contatamos levou mais quatro amigas, que não eram modelos naquele momento. Levantamos essa bandeira e saímos na frente; hoje, o Mega Polo Moda é um grande polo desse setor que não para de crescer.

Na sequência, tínhamos um trabalho no Shopping ABC, em Santo André (SP), e também recebemos looks com numeração grande. Uma das minhas produtoras de moda da época, Débora Fernandes, não era modelo, muito menos *influencer* (termo que nem existia). Precisávamos de uma pessoa, e eu a convidei para desfilar aqueles looks grandes. Ela chorou, a princípio ofendida.

Logo depois, veio falar comigo em particular e perguntou se não seria algo negativo para sua imagem. Respondi que jamais faria isso com ela. Enfim, Débora desfilou, fez sucesso em sua estreia na passarela e eu perdi uma superprodutora. Afinal, ela ficou famosa e se tornou uma grande digital *influencer* do setor *plus size*. Mas, sempre que pode e tem agenda, ela está presente em nossas produções.

Também já contratamos modelos com síndrome de Down, crianças em tratamento contra o câncer e muitos outros perfis da "vida real" que precisam ser incluídos nesse movimento fashion, que atrai milhares de olhares pelo mundo todo.

Fiz a produção de um desfile exclusivo, chamado de 60+, para o Shopping Riomar Recife, apenas com mulheres acima de 60 anos na passarela. Acredite, aquele evento me trouxe muita emoção e encantamento. Foi como se eu estivesse trabalhando com alguém da família, bem próximo à minha pessoa. No momento em que eu ensaiava aquelas lindas senhoras e as soltava na passarela para a estreia como modelos, a emoção tomou conta do meu ser e as lágrimas caíam sobre a minha face. Não há tempo determinado nem idade-limite para fazer o que quer que seja, não é mesmo?

Isso é a moda da atualidade: o espelho para quem quer comprar, por meio de pessoas reais vestindo a moda real; com isso, conseguimos ter a atenção das pessoas. A consequência é sempre o aumento nas vendas das marcas que vestem todos os tipos físicos, todas as idades e pessoas que gostam de roupa. E quem é que não gosta?

A indústria precisa de um pouco mais desse olhar, ter essa percepção e, claro, essa atenção o quanto antes. É só dessa forma que se vende mais, incluindo todos os perfis e defendendo todas as causas. Levo a moda para todos por meio do meu trabalho, sem me importar se é luxo ou *fast fashion*. Não me preocupo se faço um desfile ou evento de moda para o público D, C, B ou A. A moda tem de ser para todos nós!

É claro que sempre fiz essa introdução de forma natural, sem colocar as coisas forçadamente e sem ser forçado a fazer. É preciso dedicar-se a tudo com amor e de coração aberto, sem críticas. É assim que se fala de moda e que se vende moda.

Como já disse, a moda é para todos!

crédito: Adriano Pitangui

crédito: Adriano Pitangui

ENTENDENDO O MUNDO, A VIDA, AS PESSOAS E A MODA

Sabemos que não é tarefa fácil para ninguém entender e compreender as coisas que movem o mundo e as pessoas que vivem nele. É muito entendimento para o nosso ser. O primeiro passo é entender o mundo, suas transformações e suas constantes mudanças. O segundo, compreender a vida em todos os sentidos. O terceiro, tentar entender as pessoas que vivem e convivem conosco e, obviamente, aceitá-las como são.

Mas é preciso entender as palavras da moda e o momento em que vivemos. Sacar o que é empreendedorismo, ter conhecimento da economia criativa e economia circular, saber do caminho da modernidade, procurar ser agente do próprio negócio, ser um empreendedor/marqueteiro, saber o que é ter o marketing pessoal, entre muitos outros temas.

Indo por esse caminho, passo a passo, você poderá entender o mundo, a vida, as pessoas e a moda. A moda é uma grande ferramenta e pode ser uma ótima profissão nesse momento desafiador. Sem esquecer que é preciso entender a respeito desse trabalho, e pesquisas devem ser feitas o tempo todo.

Conecte-se às palavras certas que devemos seguir na atualidade:

Inovação.
Ousadia.
Liderança.
Ética.
Fidelização.
Criatividade.
Bons pensamentos.
Transformação.
Profissionalismo.

Entenda as seguintes coisas:
O tempo.
A interatividade.
A conexão.
A informação.
A comunicação.
As novidades.
O mundo online.
As redes sociais.
Os *blogguers*.
Os *influencers*.
Os *youtubers*.
Entre outras.

Indo por esse caminho, certamente você poderá ir longe e ser mais assertivo.

crédito: Hector Angelo

DENTRO DO SHOPPING CENTER

Onde está a moda feita pelas marcas e por seus designers? Onde as pessoas querem e podem estar? Onde comprar tudo o que se precisa? Onde costumamos ir para realizar as nossas compras com total segurança?

Certamente é no *shopping center*! Os shoppings do Brasil ainda têm muita força quando o assunto é moda, fluxo, segurança, bem-estar, serviço, gastronomia, pesquisa, entretenimento, ver, ser visto e, claro, fazer compras.

Já realizei consultoria de moda e negócios para mais de duzentos shoppings espalhados pelo mundo e posso afirmar que esses malls fazem parte da nossa vida. Só no Brasil, segundo a Associação Brasileira de Shopping Centers (Abrasce), são quase 600 shoppings de norte a sul do país, na projeção de 2019.

Um detalhe importante: na América Latina, o Brasil está em segundo lugar na quantidade de shoppings, perdendo somente para o México. E todos com grande fluxo de pessoas, promovendo geração de empregos, moda e diversos negócios. Os shoppings norte-americanos buscam novas situações e novas experiências de consumo todos os dias, e alguns deles, uma nova proposta de trabalho, com total interação para os seus clientes, fazendo todo o diferencial em seus resultados.

No passado, as pessoas frequentavam o shopping somente para realizar compras. Com o tempo, isso mudou bastante. Todos querem ir a esses espaços, pois os serviços oferecidos são amplos, além da segurança e tudo mais que eles têm de sobra. Os shoppings pelo mundo também buscam a nova fórmula mágica para se manter vivos. É reinvenção atrás de reinvenção. E, claro, muita conexão e interação com os seus lojistas e clientes.

Cada dia que passa, queremos mais conforto e praticidade, e isso encontramos com toda a certeza dentro de um shopping center.

Vamos às compras? Vamos para o shopping? O shopping center está muito *além da moda*.

crédito: Camila Souza Mendonça

OS GRANDES GRUPOS DA MODA MUNDIAL

O mundo é outro mesmo e, no mercado da moda, a cada dia temos uma novidade. As novidades chegam o tempo todo, de todos os lados, de várias fontes, formas e sentidos. Às vezes, lendo artigos e matérias de moda, deparo-me com informações sobre grupos poderosos da moda mundial que estão negociando ou comprando essa ou aquela marca importante da qual gostamos ou somos fãs.

Na realidade, são poucas as marcas tops que ainda são independentes. Por que tudo isso? Temos de ver os dois lados da moeda. Esses grupos importantes chegam como um novo oxigênio para as marcas, que, muitas vezes, estão sem ar para sobreviver. Esse é o lado bom da coisa! As marcas precisam de grandes investimentos para continuar crescendo e sobrevivendo, necessitam que se faça investimento pesado no online e tantas outras coisas que o mundo atual demanda.

Esses grandes grupos fazem com que a moda não pare nunca. Que o sonho de consumo daquela peça de desejo não se acabe. Os grupos poderosos têm bala na agulha e injetam muito dinheiro nas marcas que são compradas e, obviamente, fazem um barulho estrondoso, abrindo centenas de novas lojas pelo mundo afora, aumentando o faturamento em números superexpressivos. Sem esquecer da geração de empregos que promovem, fator importantíssimo. Por tudo isso, acredito que vale muito a pena esse investimento.

As marcas de desejo não podem acabar, não é mesmo? Os consumidores querem algo novo e quem pertence ao grupo superseleto dos que possuem um alto poder aquisitivo pode não querer mais as marcas estampadas nas peças de roupas. Afinal, são consumidores da marca e não garotos-propaganda.

É preciso que esses grandes grupos percebam essa situação o quanto antes. São pouquíssimos os grupos que detêm uma boa parcela das marcas mais poderosas e desejadas do universo fashion. Mas eles não entram para perder nunca, pode apostar nisso!

Acho um tanto complicado para uma marca, que ainda seja independente, conseguir se manter nos próximos tempos, nesta crise global que assombra o mundo. Muito diferente do que acontece com o aglomerado de marcas do poderio dos grupos bilionários, que possuem um poder de fogo monstruoso e se manterão.

Quando o assunto é investir e comunicar-se de forma eficaz para que o consumidor final possa ter acesso àquela peça superdesejada, já disponível em uma determinada loja top, os grupos são os grandes facilitadores, para que a moda não deixe de ser moda.

crédito: Matheus Barreto Motta

RELACIONAMENTO E *NETWORK*: PALAVRAS QUE ESTÃO NA MODA

Tanto nos encontros da vida pessoal quanto nos da vida profissional, todos os dias estamos nos relacionando com pessoas com as quais vivemos ou convivemos. O que precisamos, cada vez mais, é criar uma boa imagem e situações positivas em nossos relacionamentos. Não é tarefa fácil, já que exige muito de cada um de nós.

É preciso sempre ter uma boa postura, caráter, boas maneiras, ética, educação, cortesia, bondade, boas intenções, visual, higiene, estilo bem definido, elegância, honestidade, saber a roupa adequada para determinados encontros/reuniões, entre tantas outras coisas.

Agora, criar um bom *network* só virá com o tempo.

E isso só se concretizará se obedecermos a bons critérios de um excelente relacionamento. Seremos sempre responsáveis por aquilo que cativarmos durante a vida. E, como sabemos, a vida cobrará tudo o que fizermos. É preciso criar situações positivas, para que as pessoas confiem e acreditem em nós. Isso no âmbito pessoal, familiar, profissional etc.

Somente dessa forma teremos bons relacionamentos e estabeleceremos um excelente *network*.

crédito: Reubens

A MODA É UM SONHO DE CONSUMO

Quem não gosta de colocar uma peça de roupa nova? Sabe aquela dos sonhos? Quem não quer ter o produto da moda? Esse consumo é muito gratificante. Na realidade, é sonho de consumo!

Ter o look da moda, o carro dos sonhos, fazer a viagem que sempre desejou, comer naquele restaurante famoso e comprar aquele produto badalado pode elevar a autoestima de qualquer pessoa, não é verdade? Por mais que o mundo caminhe para o consumo consciente, ainda assim comprar algo que deseja é mais que prazeroso e nos deixa felizes. E, quando compramos algo novo, temos o seguinte pensamento em comum: "Quando poderei usar?"

É assim que funciona esse processo energético que nos faz tão bem e nos deixa para cima. O importante é ser feliz, e, caso você tenha um sonho de consumo, invista nele o quanto antes. Pode ter certeza de que realizar esse ou aquele desejo vai muito *além da moda*.

crédito: Washington Ricardo

PESQUISAS E CURIOSIDADES[1]

Países da moda
São cinco as capitais da moda pelo mundo: Paris, Milão, Londres, Nova York e São Paulo. E temos ainda outros grandes centros da moda, como Los Angeles, Roma, Sydney, Tóquio, Xangai, Hong Kong, Barcelona, Berlim, Singapura, Moscou, Antuérpia, Copenhague, Dubai, Miami, Amsterdã, Madri.

Paris
Conforme Walter Benjamin escreveu no seu livro *Paris, capitale du XIXe siècle*, além de ser uma das capitais da moda, Paris é capital em vários sentidos: capital intelectual, cultural, entre outros aspectos.

O surgimento da moda
A moda surgiu em meados do século XV, no início do Renascimento europeu. A palavra moda significa costume e provém do latim "modus".

A variação da característica das vestimentas surgiu para diferenciar o que antes era igual; usava-se um estilo de roupa desde a infância até a morte.

A invenção da roupa
Durante o período paleolítico, por meio da manipulação de caules e plantas, o homem inventou uma das mais fantásticas descobertas da história: a *roupa*.

Quando começamos a nos vestir
Há pesquisas que indicam quando nossos ancestrais começaram a se vestir.

Os humanos começaram a usar roupas na segunda era do gelo, há cerca de 170 mil anos, segundo novo estudo da Universidade da Flórida, nos Estados Unidos.

O surgimento da roupa
Há cerca de 25 mil anos, surgiram as primeiras estátuas de mulheres usando uma variedade de roupas diferentes – o que sugere que a tecnologia de tecelagem já estava a pleno vapor naquela época. A partir daí, civilizações antigas mais recentes descobriram muitos materiais que poderiam ser utilizados como peças de roupas.

Os seres humanos, desde o começo, passaram a se cobrir com peles de animais para se proteger do clima e, com o tempo, essa proteção foi se tornando cada vez mais sinônimo de poder e status.

No período bizantino, a classe alta dava valor às túnicas.

Moda feminina
Moda é um substantivo feminino que significa uma forma ou costume mais predominante em um determinado grupo em um determinado momento. É uma palavra usada com frequência para designar uma forma de se vestir que é comum para muitos ou apreciada por diversas pessoas.

Pessoa *fashion*
O que é uma pessoa fashion? Aquela que segue seu estilo, independentemente de modo ou das opiniões dos outros.

Não necessariamente a que veste a roupa da vez, a roupa da moda, mas, sim, a que muita gente admira pelo jeito de se vestir.

Superfashion
Fashion é um adjetivo masculino e feminino, que está relacionado à indústria da moda. Diz-se de alguém que se veste de acordo com a moda estar *superfashion*.

---

[1] Fonte: https://www.guiadasemana.com.br/compras/noticia/capitais-da-moda
https://omelhordeparis.com.br/paris-capital-mundial-moda
https://brasilescola.uol.com.br/curiosidades/o-surgimento-moda.htm
https://revistareacao.com.br/moda-educar-para-revolucionar
http://revistagalileu.globo.com/Revista/Common/0,,ERT200592-17770,00.html
https://hypescience.com/quando-os-seres-humanos-comecaram-a-usar-roupas
https://significados.com.br/moda
https://dicio.com.br/fashion

FASHION LAW: O DIREITO DA MODA

MÔNICA CRISTINA MONTEIRO PORTO[1]

Introdução

Quando vamos comprar uma peça de roupa, seja em uma loja física, seja em *e-commerce*, dentre tantas opções, pensamos em várias coisas, tais como: qual modelo escolher, a cor que mais nos favorece, o caimento, se o acabamento está bem-feito, se o preço está adequado, em que ocasião vamos usar aquela peça. Enfim, muitas coisas passam por nossa cabeça, mas você já parou para pensar no caminho que aquela peça de roupa percorreu para chegar àquela loja e, claro, ao seu guarda-roupa? Já pensou no processo criativo, nas pessoas que trabalharam na confecção daquela peça, no marketing, na logística de distribuição e comercialização, no tempo e nos vultuosos investimentos para que aquela peça despertasse o seu interesse e chegasse até o seu *closet*?

A indústria da moda é gigantesca e tão fascinante quanto o que ela produz. No Brasil, o setor gera 1,5 milhão de empregos diretos (indiretos chegam a 8 milhões); é o segundo maior empregador da indústria de transformação do país (perde apenas para bebidas e alimentos juntos) e está entre as cinco mais importantes Semanas de Moda do Mundo.[2] Sua cadeia produtiva abarca um grande número de pessoas, com diversas funções diferentes. São milhões de indivíduos com a tarefa de criar, produzir e vender roupas e acessórios, o que envolve diferentes atividades, tais como design, manufatura, distribuição comercial, marketing, varejo, propaganda e promoção comercial dos mais variados produtos.

No âmbito de toda essa cadeia produtiva, nascem e se desenvolvem diversas relações jurídicas, como as relações trabalhistas, empresariais, comerciais, de prestações de serviços, da propriedade do designer sobre a sua criação, relação entre fornecedores e consumidores, relação da indústria e o meio ambiente. São diversos vínculos jurídicos gerados por todo esse processo.

Trata-se, portanto, de uma cadeia produtiva, muito dinâmica e complexa, que envolve importantes aspectos jurídicos a serem considerados em todas as atividades nela desenvolvidas e, também, por nós, que consumimos moda.

É nesse contexto que se insere o *fashion law* – o direito da moda. Esse é o direito que trata especificamente de temas jurídicos intrínsecos à indústria da moda, entre os quais podemos citar direitos autorais, de imagem, trabalhistas, societários, empresariais, tributários, do consumidor e ambientais.

A indústria da moda, tão relevante para o país, como já vimos, cresce e se aprimora continuamente, gerando necessidades cada vez mais específicas, o que faz crescer o interesse de advogados em se especializarem e atuarem nesse segmento. Assim, para atender essas demandas, os advogados do *fashion law* se inserem na cadeia produtiva da indústria da moda.

O *fashion law* para a moda

Fashion law é o termo em inglês utilizado para denominar o direito da moda. É o direito que envolve temas relacionados com a indústria da moda. É uma área relativamente nova, surgida em 2006, na Fordham University, Nova York, Estados Unidos, por isso o termo em inglês. O intuito da criação dessa área na Fordham University foi tratar da falta de proteção legal das criações da indústria da moda nos Estados Unidos. No Brasil, o termo foi adotado e vem sendo bastante difundido desde 2012, com a criação do Fashion Business Law Institute (FBLI).

A propriedade intelectual é, de fato, um dos temas que mais chamam a atenção no *fashion law*, mas não o único. Há vários outros problemas, de igual relevância, que devem ser tratados de forma especializada, tais como questões ambientais (o setor gera um impacto ambiental muito grande) e questões trabalhistas, notadamente as que envolvem trabalho infantil e análogo ao trabalho escravo. Essas questões demandam atuação de advogados especializados dessas áreas específicas. Daí a

---

[1] Mestre em direito pela PUC/SP. Professora de direito civil na Universidade do Vale do Paraíba (Univap). Professora assistente na PUC/SP e advogada.

[2] Fonte: Associação Brasileira da Indústria Têxtil e de Confecção (Abit). Disponível em: <https://www.abit.org.br/cont/perfil-do-setor>. Acesso em: 3 fev. 2020.

importância do *fashion law* para a indústria da moda no Brasil e no mundo.

A atuação desses advogados é importante não só para atender aqueles que trabalham no setor quando se envolvem em algum problema jurídico que venha a surgir no decorrer da atividade profissional, mas também, e principalmente, para minimizar os riscos do negócio auxiliando os *players* do setor da moda em suas contratações e negociações.

Proteção ao *trademark* – design de moda
A Lei de Propriedade Industrial[3] define marca como os sinais visualmente perceptíveis, que identificam e distinguem produtos e serviços. Há várias formas de apresentar uma marca, entre elas nomes comerciais, frases, slogans, símbolos, imagens e formas plásticas. Entretanto, a própria lei impõe requisitos para o seu registro, um deles o de que a forma distintiva do produto ou serviço não esteja associada à sua funcionalidade.

A exigência de que a forma seja dissociada de sua função dificulta a proteção do design de uma criação de moda como marca. Isso porque, em regra, o design de uma roupa ou calçado, por exemplo, tem por função vestir ou calçar de modo que dificilmente alcançará a proteção legal, salvo exceções especialíssimas.

Uma dessas exceções foi confirmada pela Corte norte-americana no julgamento da ação proposta por Christian Louboutin contra Yves Saint Laurent visando à proteção da marca Red Sole Mark. Esse *case*[4] é emblemático para o *fashion law* porque foi de grande repercussão e gerou profundo debate a respeito da proteção de marcas e design no mundo da moda.

Christian Louboutin, designer internacionalmente reconhecido pelos seus famosos sapatos de luxo de sola vermelha, registrou, em 2008, sua marca Red Sole Mark junto ao PTO em Nova York, órgão correspondente ao nosso Instituto de Marcas e Patentes. A concessão do registro se deu sob a seguinte descrição: "A cor vermelha é reivindicada como característica da marca. A marca consiste em uma sola vermelha lacada no calçado". A descrição foi acompanhada de um desenho de um sapato de salto alto indicando a localização da cor na sola do sapato.

Em 2011, a YSL relançou uma linha de sapatos "monocromáticos" nas cores roxo, verde, amarelo e vermelho, que já havia sido apresentada nos anos 1970. Os sapatos YSL, no estilo monocromático, apresentavam a mesma cor em todo o sapato, de modo que o sapato vermelho era todo vermelho, incluindo a palmilha, o salto, a parte superior e a sola exterior.

Christian Louboutin, então, entrou com uma ação junto à Corte de Nova York contra Yves Saint Laurent por suposta violação de marca registrada (a Red Sole Mark), visando à proibição de YSL de lançar e comercializar o sapato vermelho com a sola vermelha. Entretanto, o juiz de primeira instância entendeu que uma cor nunca poderia servir como marca registrada na indústria da moda. O juiz julgou a ação improcedente e determinou o cancelamento do registro da marca.

Christian Louboutin recorreu à segunda instância, que reverteu a decisão anterior. O tribunal concluiu que a Red Sole Mark, que consiste em uma sola vermelha lacada em um sapato de luxo, adquiriu um "significado secundário" como um símbolo distintivo que identifica o sapato como sendo da marca Louboutin e, por isso, é passível de registro e proteção legal. Todavia, o tribunal limitou a Red Sole Mark como uma sola vermelha que contrastava com a cor do sapato, de modo que a Louboutin não poderia impedir que a YSL usasse uma sola vermelha como parte de um sapato vermelho monocromático. Assim, confirmou o registro da marca Red Sole Mark, considerando como um dos seus componentes a sola vermelha contrastando com o restante do sapato e, por outro lado, autorizou YSL a utilizar a sola vermelha, desde que o sapato fosse monocromático, ou seja, todo vermelho.

---

[3] Lei nº 9.279/96, de 14 de maio de 1996.
[4] Decisão na íntegra disponível em: <https://cases.justia.com/federal/appellate-courts/ca2/11-3303/11-3303-2012-09-05.pdf?ts=1410918463>. Acesso em: 3 fev. 2020.

Proteção ao *trade dress*

O *trade dress* é composto de elementos cujas características compõem a aparência visual de um produto ou serviço de modo que o consumidor possa identificar a sua origem. Esses elementos podem estar presentes, por exemplo, em uma roupa, embalagem ou até mesmo na forma de apresentação do produto no mercado, ou seja, no marketing.

Não há previsão legal expressa, mas o *trade dress* goza de proteção jurídica construída pela doutrina e jurisprudência do país, no contexto da propriedade industrial. Dessa forma, a constatação de violação ou não do direito de propriedade com base na violação do *trade dress* será realizada pelo Judiciário, que analisará caso a caso.

Um dos casos de violação do *trade dress* no mundo da moda mais comentado no meio jurídico brasileiro é o *case* "Victoria's Secret *versus* Monange",[5] julgado pelo Tribunal do Rio de Janeiro, por ter levantado a questão a respeito da proteção ao *trade dress* na moda no Brasil.

A empresa norte-americana propôs uma ação com base na Lei de Propriedade Industrial[6] alegando que foram praticados atos de concorrência desleal decorrentes da utilização indevida e desautorizada de seus símbolos distintivos ("asas de anjo"), fazendo alusão ao renomado evento da Victoria's Secret, em que as modelos desfilam com "asas de anjo". Afirmou que é mundialmente famosa e realiza edições do Victoria's Secret Fashion Show anualmente. Destacou que as famosas *angels* seriam supermodelos que desfilam como se fossem anjos e atraem milhões de pessoas pelo mundo, sendo sua principal característica as asas de anjo, que fazem parte da identidade visual dos desfiles e vinham sendo utilizadas por ela havia mais de dez anos.

Em defesa, a Monange negou a existência de concorrência desleal, afirmando que o uso de asas de anjos, plumas ou penas é inerente a qualquer desfile de moda e que, por isso, não seria passível de proteção.

A juíza que julgou o caso entendeu, no entanto, que os documentos apresentados no processo não deixavam dúvidas de que as "asas de anjo" usadas por supermodelos são símbolo distintivo que remete automaticamente a Victoria's Secret, e deu razão à empresa norte-americana, proibindo a Monange de utilizar, nos eventos denominados Monange Dream Fashion Tour, elementos característicos do Victoria's Secret Fashion Show, especialmente os símbolos distintivos da Victoria's Secret, como as asas de anjo, plumas ou penas usadas nos desfiles de suas supermodelos, ou qualquer outra característica que faça alusão ao renomado evento. Também condenou a Monange ao pagamento de indenização por danos morais no montante de R$ 100 mil reais.[7]

Vejam que, embora a Lei de Propriedade Industrial não conceda proteção às criações de moda ou formatos de desfiles, neste caso o tribunal concedeu a proteção analisando as circunstâncias e especificidades do contexto da indústria da moda. Em ambos os casos aqui comentados, foi determinante a identificação de "símbolos distintivos" como elementos característicos e indissociáveis das marcas.

Inspiração ou cópia?

A proteção do design é tema relevante para a indústria da moda no Brasil e no mundo, tendo em vista a fabricação de cópias de marcas renomadas em larga escala. Essas empresas, tais como Louis Vuitton, Gucci e Chanel, investem pesadamente na proteção de suas criações e contra o uso indiscriminado de cópias pelos seus concorrentes.

A Louis Vuitton, por exemplo, criou, em 1896, o canvas Monogram, visando impedir falsificadores que eram atraídos pelo sucesso da marca e seu status mundial. A marca tem política de tolerância zero em relação a falsificações. "Em 2012, a Louis Vuitton iniciou 13.800 operativos e 33.258 procedimentos antifalsificação em todo o mundo,

---

[5] Processo: 0121544-64.2011.8.19.0001 – 5ª Vara Empresarial – TJRJ.
[6] Lei nº 9.279/96, de 14 de maio de 1996.
[7] A decisão foi objeto de recursos ao STJ e STF e é passível de reforma.

resultando na dissolução de redes criminosas, facilitando a situação dos trabalhadores que atuam para organizações ilegais. O departamento da internet do Departamento de Propriedade Intelectual registra nomes de domínio, faz a proteção digital da marca e rastreia a falsificação online monitorando a internet, em particular mecanismos de busca e mercados. Como resultado, mais de 2 mil sites litigiosos foram fechados em 2012, e mais de 100 mil leilões foram encerrados".[8]

Por isso, embora, em regra, o design das criações de moda não seja objeto direto de proteção legal, haverá situações em que a cópia do design será combatida com base na alegação de concorrência desleal, o que caracteriza violação à Lei de Propriedade Industrial.[9]

Mas, afinal, como distinguir a cópia da inspiração?

A cópia é a imitação de todos os elementos que compõem a peça original. O seu resultado é idêntico ou quase idêntico ao original, e, ainda que a marca em si não seja copiada (o que seria manifestamente ilegal), a peça costuma ser adquirida pelo consumidor exatamente por dar a impressão de que se trata de uma original. Daí a existência de cópia e caracterização de concorrência desleal e, portanto, violação da lei.

Já as peças inspiradas, embora o resultado seja muito parecido com o das peças originais, trazem, em seus elementos, sinais de que houve um processo criativo para diferenciá-las das peças que lhes serviram de inspiração. Neste caso, não há violação legal.

Ocorre que, na prática, a linha que separa a inspiração das cópias é bastante tênue, e, em muitos casos, a discussão vai parar no Judiciário. Nessas situações, é recomendável que o juiz seja auxiliado por um perito que faça a análise dos elementos que compõem o design para determinar se está caracterizada a cópia ou se se trata de mera inspiração.

Marketing digital: *digital influencers*

A evolução tecnológica tem mudado nossa maneira de comprar. O *e-commerce* (comércio eletrônico) vem sendo impulsionado principalmente pela indústria da moda e eletrônicos. Com isso, o marketing digital passou a tomar boa parte dos investimentos que as empresas do setor da moda empregam em propaganda.

Nesse tipo de comércio, as redes sociais (Facebook, Instagram, YouTube etc.) vêm se tornando importante veículo de propaganda, pois permitem apresentar o produto e, com apenas um clique, levar o consumidor à loja virtual. É o ambiente perfeito para o marketing da moda. Com isso, os influenciadores digitais de moda vêm conquistando papel importante para divulgação e venda de produtos e serviços ligados ao setor. Hoje em dia, é bastante comum escolher uma roupa, uma viagem ou um restaurante influenciado por uma postagem de alguma celebridade ou blogueiro.

Por ser uma profissão relativamente nova, não há uma legislação específica para disciplinar a atividade profissional do *digital influencer*. A relação jurídica estabelecida entre o fornecedor do produto ou serviço (fabricante, loja, marca) e o *digital influencer* para divulgação da marca, produto ou serviço é de prestação de serviços e deve ser disciplinada pelo Código Civil. Não há, em regra, vínculo trabalhista, ainda que o contrato estabeleça cláusula de exclusividade, pois, para que fique caracterizado o vínculo trabalhista, devem estar presentes outros requisitos legais, que geralmente não são inerentes à atividade do *digital influencer*.[10]

Muitos *influencers* são contratados informalmente, por e-mail, WhatsApp, Instagram etc., ou seja, sem que haja formalização de um contrato, tratando apenas dos aspectos principais da negociação. Entretanto, é importante que os envolvidos formalizem um contrato de prestação de serviços no qual deverão estabelecer, de forma expressa,

---

[8] Disponível em: <https://www.louisvuitton.com/content/dam/lv/online/text/allcountry/BrandProtectionBR.pdf>. Acesso em: 9 fev. 2020.
[9] Arts. 195, III e 209 da Lei de Propriedade Industrial.
[10] Pessoalidade, não eventualidade, subordinação e onerosidade.

os direitos e obrigações de cada um. Nesse contrato, poderá constar, por exemplo, qual o meio de divulgação do produto, se será por posts, stories, participações em eventos, número de postagens, horários, se o conteúdo deverá ser previamente aprovado pelo contratante. As partes podem estabelecer cláusula de exclusividade, confidencialidade e observância ao *compliance* da empresa contratante. São medidas que propiciam maior segurança jurídica a essas relações e minimizam os riscos de problemas futuros.

Outro aspecto importante é a responsabilidade civil perante o consumidor, a quem se destinam a propaganda e a divulgação do serviço ou produto, que, no caso, são os seguidores do *digital influencer*.

Este não responde pela qualidade do produto, mas, ao fazer posts ou stories para divulgar um produto para o qual foi contratado, deve deixar claro aos seus seguidores que se trata de uma divulgação comercial para a qual foi contratado, ainda que o pagamento pela divulgação seja por permuta.[11] Nesses casos, é recomendável que o influenciador utilize hashtags, tais como *#Ads*, *#Ad #publi*, *#publipost*, *#merchan*, para que fique clara para os seus seguidores a natureza publicitária da postagem.

Há também questões tributárias que devem ser observadas pelos influenciadores digitais, na condição de prestadores de serviços. Seja na forma de pessoa física, seja na de pessoa jurídica, deve-se recolher imposto de renda sobre os rendimentos obtidos e outros tributos, a depender do enquadramento da atividade.

Conclusão
Como se vê, são inúmeras as questões jurídicas inerentes à indústria da moda que merecem um tratamento especializado.

O *fashion law*, como vimos, não tem uma legislação própria para ser estudado como um ramo específico do direito. O *fashion law*, na verdade, são várias áreas do direito voltadas especificamente para atender os *players* do mercado da moda, considerando as suas peculiaridades.

---

[11] Código de Defesa do Consumidor. Art. 36. A publicidade deve ser veiculada de tal forma que o consumidor, fácil e imediatamente, a identifique como tal.

ALÉM DA MODA

ARLINDO GRUND
@arlindogrund

Pensar *além da moda* provoca em nós uma certa reação que, por vezes, causa desconforto. Sim, porque, por mais que possamos falar que não estamos nem aí para ela, é inerente ao ser humano ter de se vestir. Culturalmente, foi-nos imposto que devemos cobrir nossos corpos usando tecidos e acessórios – em algumas culturas, com mais peças, em outras, com menos.

Quando abordamos que a moda deve ser encarada de maneira leve e saudável, muitas pessoas se sentem invadidas, no sentido de que, com frequência, elas foram, são ou serão obrigadas a sair da zona de conforto por uma imposição do mercado, da situação ou até mesmo pelas mudanças de costume. E é muito bom observar que a moda está evoluindo nesse sentido.

As descobertas também são bilaterais. Consumidores e produtores – de moda, de informação, de roupas – também estão começando a buscar uma só linguagem. O objetivo é uma compreensão única: a liberdade de escolha. Quando falo isso, não é no sentido de sair por aí quebrando determinadas regras. Sim, ainda existem profissões e lugares com códigos rígidos de vestimenta. Mas falo isso no sentido de nos libertarmos e procurarmos nos aceitar como somos.

Seres humanos não são perfeitos. Todos nós temos aquelas características que nos incomodam, que são reforçadas diante de olhares reprovadores, que nos fazem pensar que, ao expormos determinadas partes do corpo, estaríamos fazendo algo errado. Quando falo que a mudança de costume em relação à moda é superpositiva, não quero dizer que tudo lhe cairá bem, que as roupas que vestem a celebridade do cinema ficarão igualmente bem em você.

Não, e é fato! Somos todos iguais enquanto seres, mas, na moda, cada um tem suas características peculiares. É aí que a moda entra como uma ferramenta de força, como algo que você pode escolher, reforçando aquilo que, para você, é incrível, ou até mesmo usar chamando a atenção para alguma região do seu corpo de que você tanto gosta. A roupa tem esse poder. Assim, o bom senso nesse sentido é bem-vindo, mas por que não, um dia, quebrar protocolos, ousar e sair por aí de maneira diferente?

O fato é que, para encarar uma mudança ou até mesmo um estilo diferente, será necessário ter muita segurança quanto a suas escolhas e atitudes. Estou aqui para lhe dar o maior apoio e dizer que a moda foi feita para nos divertir e não para tornar a nossa vida um martírio. Mas, infelizmente, preciso dar um alerta em relação ao outro lado – não tão belo assim!

Os julgadores se acham no direito de emitir suas opiniões em relação à estética e a gostos. Mas cabe à sua confiança provar exatamente o contrário. Precisamos quebrar paradigmas de maneira pensada. Transgredir também nos faz repensar até que ponto podemos realmente nos apropriar de determinados gostos.

Mas, acima de tudo, escolher a roupa certa que o deixa feliz é simples: basta vestir e ter aquela sensação que todo mundo já sentiu ao colocar alguma coisa no corpo que nos causa uma vibração positiva, deixando-nos seguros e capazes de muito mais.

Faça da moda uma forma de se aproximar do outro. Use-a como uma ferramenta de comunicação. E viva em harmonia, respeitando as diferenças de cada um.

ALÉM DA MODA

FRANCESCA GIOBBI
@francescagiobbi

Faz ideia do que está por trás do seu look de hoje?
Quando falamos de moda, referimo-nos a um universo muito mais abrangente do que apenas roupa ou calçado:
- Uma indústria que movimenta US$ 3 trilhões em escala global, que gera emprego para milhões de profissionais e potencializa indústrias complementares, como as de turismo, design, entretenimento ou arquitetura.
- Direitos humanos fundamentais, como liberdade de expressão e de individualidade.
- Inspiração, que leva você a escolher a roupa para o seu primeiro emprego, para o jantar especial com aquele(a) deus(a) grego(a), ou mesmo a que está usando enquanto lê este texto.
- Paixão pela constante inovação e criação de matérias-primas, processos produtivos e designs exclusivos.

No entanto, falamos também:
- Da segunda indústria mais poluente do mundo, superada apenas pela indústria petrolífera.
- De processos produtivos, logísticos, de distribuição e de vendas responsáveis pela constante criação de desperdícios, com um impacto ambiental altamente negativo.
- Da escravidão de mulheres e crianças que são forçadas a trabalhar em condições desumanas, durante horas a fio, para alimentar a competição predatória das marcas internacionais.
- Da destruição do futuro de milhões de crianças que são vítimas de trabalho infantil ou que sofrem indiretamente porque suas mães não têm tempo para a família e recebem ordenados miseráveis, que não lhes permitem acesso à saúde e à educação.
- Do consumo desmesurado de recursos naturais a um ritmo muito superior ao necessário para a sua regeneração, bem como a poluição de solos e cursos d'água com químicos altamente nocivos para as populações locais.

Após três décadas trabalhando na indústria de moda em nível global, visitando fornecedores, fabricantes e marcas pelo mundo, a minha paixão pela moda se mantém, mas com um novo foco. A paixão que me levou a atravessar o oceano para estudar e viver em Milão com apenas 18 anos, trabalhando com algumas das maiores marcas de luxo do mundo, é agora uma paixão por tornar essa mesma indústria mais sustentável, consciente e responsável pelo bem-estar de todos os envolvidos: seres humanos e planeta.

Recordo-me do meu primeiro trabalho na Versace, em que o luxo se propagava em todos os processos: luxo na escolha das matérias-primas, nas técnicas de corte, na modelagem para valorizar o corpo feminino ou na exclusividade de produção. O luxo no produto era conseguido apenas pelo luxo na escolha das pessoas que nele trabalhavam, tais como alfaiates, costureiras ou bordadeiras, alguns dos quais com mais de quarenta anos de know-how. Tirando algumas raras exceções, esse *mindset* se perdeu com a globalização e a ganância desmedida dos grandes grupos de investimento, que tomaram conta da indústria (cinco dos quais detêm 40 das principais marcas de luxo do mercado). Não pretendo, com isso, dizer que apenas aqueles com uma vida de experiência têm lugar na indústria e que não existe lugar para os jovens. Pelo contrário, é crucial que os mais velhos ensinem aos novos os mesmos valores de excelência que sempre seguiram.

O que pretendo, sim, é criar condições dignas e oportunidades para todos os que estão envolvidos numa indústria que, muitas vezes, se esquece deles, incluindo o consumidor final. Acredito que grande parte da mudança está precisamente no consumidor, que detém, hoje, mais poder do que nunca, não só quanto à informação e à comunicação por meio de redes e plataformas digitais, mas, sobretudo, no que tange à decisão de compra. A evolução do mercado provocou uma mudança na balança do poder, em que não são mais as marcas que mandam, mas, sim, os consumidores.

A moda é uma indústria voltada ao consumidor, que pode e deve exigir que as marcas estejam alinhadas com as suas expectativas e que o façam de forma transparente. E as exigências dos consumidores são claras! Marcas conscientes e responsáveis, com propósito e com estratégias transparentes e bem definidas em relação à qualidade e à sustentabilidade social e ambiental.

Acredito que a transparência e a verdade empoderam todos os intervenientes: fornecedores, produtores, influenciadores e consumidores. Foi desse princípio que achei o meu propósito de vida e fundei a FreedomeE, com uma visão baseada na educação do consumo responsável, em que todos os intervenientes são incluídos e respondem por suas escolhas e ações. Acredito na humanização da tecnologia, acompanhando as mais recentes inovações para promover o empreendedorismo e a responsabilidade social, econômica e ambiental. Por meio do empreendedorismo e do microempreendedorismo, estaremos garantindo liberdade financeira e melhores oportunidades: quer para as gerações atuais, quer para as gerações futuras.

Nesse sentido, a FreedomeE assume-se como um projeto para o futuro da indústria da moda e do consumidor, criando um ecossistema responsável e sustentável. O nosso *marketplace* apresenta um rigoroso processo para aceitação de marcas parceiras, que devem respeitar os nossos cinco pilares de sustentabilidade, criados de acordo com os "Objetivos para o desenvolvimento sustentável" das Nações Unidas. Criamos uma comunidade global responsável de fornecedores, produtores, marcas, parceiros de *lifestyle*, ONGs, influenciadores e consumidores, que nutrimos por meio de quatro vertentes transparentes de marketing e vendas: marketing de *lifestyle*, relacionamento, projetos sociais e marketing digital.

Em conjunto, essas quatro facetas do marketing nos permitem educar sobre produção e consumo responsável, bem como aproximar os extremos da cadeia, pondo os produtores em diálogo direto e transparente com o consumidor final, comunicando as suas boas práticas por meio de uma rede de influenciadores conscientes e angariando fundos para ONGs parceiras, a partir de cada venda no *marketplace*.

Dediquei a minha vida a criar uma indústria da moda mais responsável e sustentável, com impacto positivo na sociedade, na economia e no ambiente. Tenho uma grande luta pela frente, que não conseguirei vencer sozinha, por isso desafio você a se juntar a essa causa. Está pronta(o) para ser um veículo da mudança?

ALÉM DA MODA

MÔNICA SALGADO
@monicasalgado

O futuro não é mais como era antigamente. Se uma fashionista tivesse morado em Marte nos últimos dez anos e desembarcasse na Terra hoje, tomaria um baita susto. Primeiro: onde encontrar as revistas de moda que ela tanto amava?

Algumas acabaram. Outras perderam totalmente a relevância. Praticamente não existem mais bancas de jornal por aí – estão todas vendendo salgadinho laranja que mancha a mão e intoxica o corpo.

Mas e as editrix poderosas das revistas-bíblias *fashion* que detinham todo o saber de moda e o poder de dizer o que é bacana e o que é "*so last season*, queridinha?". Muitas perderam o bonde. Ou o emprego. Ou ambos.

Vem cá, e a São Paulo Fashion Week, com seus desfiles disputadíssimos de estilistas estelares que davam chilique no *backstage*? A SPFW resiste, sobrevivendo com o máximo de dignidade possível, num mundo onde podemos ver os desfiles de Paris transmitidos ao vivo pelas marcas e convidados nas redes sociais, de graça, de pijamão na cama. Já os estilistas "chiliquentos"... Olha, o assédio moral no camarim não pode mais, não!

Olhemos a Zara e seu gigantismo criativo e logístico soterrando todos os outros *players* (discussões éticas à parte)! Olhemos o *upcycling*, o consumo consciente, a lógica reversa convencendo as pessoas de que o consumo desenfreado está matando o planeta aos poucos.

E onde ela faria suas compras, a fashionista que morou em Marte nos últimos dez anos? Porque ela sentiria culpa, mas continuaria consumindo.

Eu conto ou vocês contam que o modelo de negócios das grandes lojas de departamento do mundo ficou obsoleto? Que as *concept stores* tipo Colette, que mudaram o jeito de consumir moda no começo dos anos 2000, fecharam as portas? Que hoje todo mundo compra online? E que há lojas que entregam as compras em até duas horas? E mais: que há muita vendedora de loja física que não sai do celular porque faz a maior parte das suas vendas por WhatsApp?

Ufa! São tantas mudanças em tão pouco tempo que, se bobear, a fashionista talvez prefira voltar a Marte. Mas, se ela parar para pensar, vai gostar e aprovar. O mundo mudou, a moda mudou, a percepção de todas as coisas mudou... e isso é bom. A moda não é mais feita por e para um seleto grupo de entendidos. Ela é de todo mundo.

Todo mundo pode gerar conteúdo de moda e encontrar, nas redes sociais, um meio difusor poderoso gratuito. Todo mundo pode consumir conteúdo de moda do jeito que mais lhe fizer sentido, pela plataforma que melhor lhe convier. E, de novo, de graça! O espírito coletivo e colaborativo marca não apenas a produção de conteúdo de moda, mas a produção da moda em si.

A nova geração de marcas e estilistas trabalha junto, muitas vezes dividindo os meios de produção. Os consumidores querem saber como as peças são produzidas e exigem transparência e ética. Mais do que nunca, o "como" e o "por que" tornam-se muito mais importantes que o "o que".

É, fashionista, não volte para Marte, não. Fique aqui e ajude a reescrever essa história!

ALÉM DA MODA

VITOR ZERBINATO
@josevitorz

O mundo muda a cada dia. É tudo muito rápido, a informação é veloz, e isso também acontece na moda. As pessoas estão cada vez mais preocupadas com conscientização, como não poluir o planeta, e acho isso incrível.

Acredito que esse é um fator que faz o consumidor pensar mais na roupa que ele vai comprar, se ele realmente precisa daquilo etc.

Por esse motivo é que, desde sempre, acredito em roupas que durem mais, que sejam atemporais, porque o indivíduo pode usá-las muitas vezes. A mesma roupa que está na coleção de verão pode ser usada no inverno com um casaco por cima, por exemplo. Não acredito mais em estações, mas, sim, em uma roupa atemporal e global, aquela que pode ser usada em várias partes do mundo.

As consumidoras da marca Vitor Zerbinato procuram peças de luxo com bom acabamento. Portanto, se eu conseguir juntar isso a materiais ecológicos, melhor ainda. Além do segmento de luxo, tenho outra linha, que nomeio de *prêt-à-porter*, e costumo utilizar materiais reciclados dentro dela. É a minha contribuição dentro desse movimento de conscientização, além da valorização da mão de obra artesanal, sempre presente em meu trabalho.

As redes sociais também vieram para transformar a maneira como fazemos a divulgação da moda. Se antes a comunicação era feita por meio de anúncios publicitários, agora também temos as mídias sociais, que são uma fortíssima vitrine.

No meu caso, como costumo vestir mulheres para festas glamourosas e os mais variados tapetes vermelhos do planeta, quanto mais exclusiva a peça, melhor. Por esse motivo é que divulgamos a marca, mas não especificamente os produtos de luxo.

Porém, mais do que se preocupar com a peça, acredito que o essencial é não se prender aos padrões impostos ou ao que é divulgado em massa. Não gosto de *fashion victims*, que se apropriam do look total do desfile. Admiro quem mostra seu estilo, misturando as peças.

De repente, uma saia muito cara usada com camiseta "podrinha" fica perfeito! O objetivo deve ser sempre se diferenciar do restante das pessoas. Sou muito a favor do estilo. Então, não importa se a roupa é cara ou barata, ou se a pessoa a comprou ou a pegou emprestada de alguém. O que importa de verdade é fazer predominar o estilo.

Na verdade, a moda tem uma importante função: fazer com que você se apresente como quer ser visto pela sociedade. Então, na hora de se vestir, pense: como quero ser visto? De maneira sensual, profissional? Esse é o poder da roupa. Em segundos, ela consegue dizer aos outros quem você é.

E, já que moda está ligada a seres humanos, ressalto que existem a gentileza, a educação e a conscientização, atitudes fundamentais. Afinal, não adianta uma pessoa estar bem-vestida e ser mal-educada. Para mim, esse é um dos fatores que estão *além da moda*.

ALÉM DA MODA

DENISE GERASSI
@denisegerassibolsas

Moda, por definição, é o conjunto de opiniões, gostos, modo de agir, viver e sentir coletivos. Então, pensando de acordo com o conceito do dicionário, "estar na moda" deveria ser "estar usando, vestindo e se comportando de acordo com a maioria". Mas será que é isso mesmo?

Claro que não! Já há tempos, "estar na moda" está muito mais relacionado com buscar a melhor versão de você do que com seguir padrões. É incrível como nossa roupa, em qualquer lugar, diz muito (ou tudo) sobre nós!

Portanto, na hora de se vestir, procure avaliar não apenas o que está na moda no momento, mas, principalmente, aspectos como: você se veste para se esconder ou se destacar? Você consegue, por seu estilo, ter a confiança necessária para algumas ocasiões? Está satisfeito com o resultado final? Esse resultado o representa?

Cada pessoa é única, e tem de se vestir sobretudo para se sentir bem. Portanto, quebre regras do tipo "estampa engorda", "pantacourt achata" e tantas outras, e vista quem você é hoje! Lembrando que conforto e estilo podem e devem andar juntos, então trate de desapegar de tudo o que não serve mais no corpo e na vida... Isso é moda!

Uma forte característica do mercado de moda atual é que o consumidor, na grande maioria das vezes, sabe exatamente o que quer. E é exigente! Com isso, para atraí-lo, as marcas dão especial atenção aos canais de comunicação e a experiências que valorizem e surpreendam esse cliente.

Hoje as empresas de moda não vendem apenas um produto: vendem conceito, experiências, empoderamento. Todo esse esforço é para entender melhor seu consumidor e o que ele busca. Empresas determinadas a atender essas expectativas aumentam o valor da marca e fortalecem seu DNA.

Não podemos nos esquecer, também, de que a moda tem um crescimento constante no comércio eletrônico, o que mostra uma mudança de comportamento do consumidor. As empresas têm de estar preparadas para atender esse consumidor em vários canais, de acordo com o que for mais adequado e conveniente para ele. Portanto, o momento é seu, consumidor! Valorize o que lhe faz bem. Se quiser usar uma peça específica, seu look pode ser todo montado a partir dessa peça. Ela será seu ponto de partida na composição do seu visual. O resultado final deve agradar, em primeiro lugar, a você.

Mas o que, com certeza, vai se fortalecer cada vez mais é a moda sustentável, aliada a um consumo consciente, uma vez que o consumo acelerado, propagado pelos *fast fashions*, tem deixado grande impacto no meio ambiente. A moda sustentável, ou eco fashion, utiliza métodos de produção que minimizam o impacto ambiental, oferecendo peças com durabilidade e que tenham seu uso prolongado.

Aliado a esse conceito de consumo consciente, faça suas aquisições valerem a pena. Ouse mais! Esforce-se para criar novas possibilidades de looks a partir de uma mesma peça. Portanto, crie sua moda com escolhas conscientes, roupas atemporais que poderão acompanhá-lo por várias temporadas, lembrando-se de que "menos é mais, sempre"!

Elegância é pensar e cuidar do nosso planeta, em todos os aspectos. Até na hora de se vestir.

Isso vai muito *além da moda*!

ALÉM DA MODA

FAUSE HATEN
@fausehaten

A moda é uma repetição cíclica de um desejo. Tem sua origem quando surge a burguesia. Os nobres tinham uma forma de se vestir e comportar. Com o surgimento dessa nova classe social e o desejo de ascensão, eles, os burgueses, começam a imitar a forma de vestir dos nobres para se sentir superiores.

Estes, por sua vez, quando se sentiam igualados aos burgueses, achavam uma forma de ir além no vestir e se destacar novamente. Assim surge o que chamamos hoje de moda e seu movimento cíclico. Anos se passam e a indústria da "moda" e dos "modismos" é hoje uma das mais fortes do mundo.

Desde o século XVIII, as costureiras, as modelistas, os alfaiates e as modistas eram serviçais. No início do século XX, alguns poucos estilistas passam a ser considerados na hierarquia social, e, nos anos 1960 e 1970, os estilistas de moda passam a existir como personalidades. Tornam-se os ditadores dessas ondas, e os detentores do poder de fazer o indivíduo estar à frente dos outros. Tudo isso sempre regado a muito dinheiro e poder.

Mas existe um momento em que esse jogo se inverte, as pessoas começam a perceber que as roupas poderiam ser uma forma de expressão e que não havia necessidade de serem caras para existir. Mais do que isso, independentemente do preço pago, o interessante era como aquele indivíduo misturava, compunha, usava aquela roupa. A moda agora passa a ser mais interessante nas ruas do que nas vitrines.

O *street style* passa a ser a grande influência da moda. Os estilistas começam a observar as ruas para se inspirar em suas criações. Soma-se a isso a grande valorização da juventude e do jovem em nossa sociedade.

Hoje vivemos uma nova fase. A figura do estilista é quase eliminada. A roupa da forma como é desfilada nas passarelas quase não é mais vista nas ruas. O grande interesse recai na forma como as pessoas "normais" estão usando aquela roupa. Algumas dessas pessoas normais passam a despertar tanto interesse, têm tantos seguidores, que passam a ser chamados de *influencers*, ou seja, uma pessoa qualquer, sem nenhum conhecimento de corte, costura ou desenho, mas que tem um jeito de se vestir e viver que passa a ser copiado. A isso, soma-se o que podemos chamar de casualização da moda.

Caem os ternos e vestidos de baile e até os sapatos de salto. Entram os moletons, bermudas e tênis no topo das paradas. Seria isso uma reação ao Vale do Silício e a como esses novos empresários milionários se vestem?

Pensem nos executivos da Apple e do Facebook. Será que isso explica alguma coisa? Olhando os milionários de Wall Street dos anos 1980, podemos explicar muito da forma e do que consumimos na moda daquela época.

Bem, a moda muda, mas o que nunca muda é o desejo de ser uma outra pessoa, de viver uma outra vida. A roupa ainda é o instrumento mais próximo dessa mudança, ou desse sonho. Eu, como observador, espero que, cada vez mais, as pessoas se apropriem desse direito de se divertir, que é o vestir-se, o montar-se, o compor um personagem. E que ninguém mais se vista para copiar alguém, olhando para fora, mas, sim, olhando para dentro.

Sigo sonhando com esse mundo de maior autoconhecimento e de uma autoexpressão mais desenvolvida e aflorada. Viva!

ALÉM DA MODA

LILIAN LEMOS
@lilianlemosmachado

O que é moda? Essa é uma pergunta que rege todas as pessoas do mundo, e a maioria delas nem tem a consciência desses pensamentos, afinal, ainda não podemos sair pelados, temos de nos vestir todos os dias. E roupa é moda!

Essa moda é dividida em vários universos: idealização de coleção, confecções, vendas, publicidade... E a consultoria de imagem é um desses universos, do qual faço parte, como amante e ativista!

Acredito que minha inclusão na moda começou quando eu era bem pequena, querendo uma bolsa para expressar minhas particularidades! Vim de uma criação liberal e empreendedora. Como dizem: vivi na barra das vestimentas dos pais. Tinha de trabalhar na loja deles, no sonho deles, ramo de compra e venda. Meus pais eram, na minha visão, a perfeição de união, um casal trabalhador.

Mas por que estou contando tudo isso? Porque entender a sua essência, a sua moda, traz consigo um tanto de tentativas e erros. Às vezes, penso que, se eu entendesse de moda aos 25 anos, teria economizado muito dinheiro e chegado a cargos que desejava. Mas, sem entendê-la, apenas continuei na "barra da calça" do meu pai.

Foi preciso a empresa falir para eu ir lá ao meu âmago e descobrir para o que eu realmente servia! Aos 35 anos, casada, dois filhos, falida e cheia de medo e coragem, eu me descobri uma influenciadora de gente! E de gente gorda! Meu sonho guardado desde a época em que as páginas de livros velhos viravam bolsas! Ensinar a uma mulher que recebeu mil nãos – e que vive ouvindo: "Vista uma camiseta para ir ao clube", "A luz deve ficar apagada" – que ela pode e deve vestir o que deseja traz para o universo da moda um posicionamento incrivelmente libertador!

A possibilidade de a mulher gorda sentir liberdade de se expressar é caminho certo para o amor-próprio, trazendo-lhe autoestima para a vida! E vestir seu corpo é o começo para um dia feliz e produtivo!

"Marque a cintura!", "Use uma saia rodada!", "Vista um sutiã que realmente realce seus seios!", "Use color block!" Essas são minhas maiores dicas e a base de um armário *plus size* poderoso. A roupa nos transforma positivamente por ser a expressão do que se tem dentro do coração!

A liberdade de expressão está correlacionada com o que vestimos. E, para termos essa consciência, o primeiro passo é nos olharmos internamente. Precisamos ter consciência do que desejamos transmitir com a nossa imagem. Foi aí que me especializei: ensinar mulheres a serem felizes com o corpo como ele é, para, assim, vesti-lo com a comunicação de imagem de que ela precisa!

Atendo mulheres que, independentemente do tamanho do corpo, querem expressar sua real essência e serem bonitas aos próprios olhos. Essa consultoria de imagem vai *além da moda*!

ALÉM DA MODA

HENRIQUE MELLO
@henriquemellomakeup

A moda nos veste e vestimos momentos, vontades e nossa forma de querer nos mostrar e expressar quem somos!

Mas, muito mais que o invólucro que "carregamos" a partir de itens, acessórios, cores e cortes escolhidos, também buscamos formas de nos conectar a similares e outrem que usem e façam usufruto dos mesmos códigos fashionistas do nosso entorno e segmentos que habitamos.

A moda tem o poder de unificar padrões comportamentais ("tribos"), e até alterar círculos de amizades e convívio mais do que nunca, porque é aqui e agora essa transição.

Hoje, ser aceito pela forma que nos apresentamos está ainda mais pungente pelo mundo em ebulição, redesenhando-se nessa nova configuração pós-pragas, pandemia e fontes naturais se esgotando.

É necessário reciclar não só roupas, mas ideias e comportamentos consumistas que estão no limite, e a *moda* sente e reflete a busca desses novos padrões e valores, além de grifes associadas a *status* e modismos/lançamentos sazonais.

Não cabe mais um *closet* rechonchudo sem usufruto, o acúmulo de vestuário é desnecessário no mundo atual!

Nós que trabalhamos com o efêmero, descartável e até, de certa forma, volátil, percebamos que é hora de parar, ressignificar o valor de tudo que é usado, empunhado e até "ostentado", mesmo com legitimidade e identificação.

Tudo evolui, o mundo urge por nossos novos comportamentos e posturas na moda, na vida e no dia a dia.

O universo entenderá e nos trará novos valores e respostas também alinhadas ao que ofertamos ao próximo, ao entorno, e dará novos rumos à *moda*!

ALÉM DA MODA

DÉBORA FERNANDES
@deborafernandesplus

"Amar a si mesmo é o começo de um romance para toda a vida." (Oscar Wilde)

Antes de qualquer dica de moda, quero propor um exercício a você: *olhe-se no espelho com carinho e veja como você é maravilhosa*!

Sempre fui uma menina gorda apaixonada por moda. Mas sentia que esses dois fatores não combinavam. A moda não produzia peças grandes com informação de moda, e a publicidade não me representava.

Quando conheci a moda *plus size*, em 2007, mesmo sendo coleções antiquadas, vi uma luz. Alguém já estava olhando para esse público, e isso poderia ser um bom sinal. Como trabalhava com produção de moda e era estilista, eu me vi na missão de ajudar outras consumidoras a se encontrar com a moda, já que as revistas e as passarelas não nos representavam. Foi quando criei um blog de moda *plus size*.

Sou apaixonada por esse mercado, mas reconheço que essa indústria da moda foi a grande responsável pela construção de uma pressão estética que, por muito tempo, excluiu diferentes biotipos e padronizou a beleza, fazendo com que muitas mulheres acreditassem que só poderiam ser bonitas se fossem magras.

As marcas falavam que diferentes biotipos não geravam desejo de compra, de modo que elas não queriam atingir esse público-alvo e, consequentemente, não representavam esse público em campanhas. Com a ascensão das redes sociais, as pessoas não precisavam mais da mídia convencional para se sentir representadas. Na era da selfie, elas passaram a ser seu próprio padrão de beleza. Movimentos de diversidade e inclusão vêm surgindo e formando tribos que se identificam com o mesmo corpo e estilo.

A consumidora passou a exigir que a moda conhecesse todas as particularidades do corpo da mulher para produzir peças que abracem o corpo feminino para valorizá-lo e não escondê-lo. Além de se comunicar de maneira empática e inclusiva para que a mulher se sinta representada e valorizada como ela realmente é.

Sempre pergunto para as minhas seguidoras: como anda sua relação com a moda? Fico feliz em saber que muitas mulheres já conseguem olhar para si com liberdade e vestir o que têm vontade. Sentir-se bem com uma roupa vai *além da moda*, de usar uma peça de grife ou estar na última tendência. Sentir-se bem com uma roupa é se conhecer, se dar conta de que aquela peça conversa com seu estilo e mostra sua essência.

O processo de amadurecimento e autoconhecimento mexe muito com a forma como nos vestimos e compramos. A partir do momento em que você se sente bem com seu corpo e não se preocupa com uma validação da sociedade, você passa a se vestir com mais liberdade, a se sentir confiante em suas escolhas.

Muitas seguidoras me relataram que passaram a ver a moda com bons olhos depois que se aceitaram como mulheres bonitas sem precisar vestir um manequim menor. Muito dessa aceitação vem das novas referências que temos nas redes sociais. Novos corpos, mulheres empoderadas, diferentes tamanhos, biotipos e estilos ganhando espaço. Essa representatividade mostrou que podemos ser e usar o que quisermos.

Falo que é um trabalho de formiguinha mostrar para as mulheres que elas são bonitas e podem se vestir bem independentemente do manequim. Muitas ainda não se sentem à vontade ao olhar no espelho e não gostam de nada que vestem. Têm medo de ousar, do que vão falar, e acabam optando por roupas largas e sóbrias. Como se quisessem se esconder.

O ato de se vestir, que era para ser um momento de prazer e bem-estar, se transforma em um trauma. Mas podemos mudar esse cenário com algumas atitudes:

- **Autoconhecimento:** é o primeiro passo para o amor-próprio.

- **Coloque-se em primeiro lugar:** sim! Eu sei que é difícil. Priorizamos trabalho, família, problemas externos, e nos esquecemos de nós mesmos. Mas pare e olhe para você com mais carinho.

- **Não se compare:** a comparação faz com que você se sinta inferior, gera frustração e amargura.

Busque sua individualidade e valorize sua história. Ela é única.

- **Não se preocupe com o que vão falar:** a busca pela validação do outro paralisa nossas ações, busque liberdade em suas escolhas, na moda e na vida.
- **Afaste-se de pessoas tóxicas:** companhias positivas são fundamentais. Procure estar perto de pessoas que elevem a sua autoestima, que não passem o tempo todo criticando seu corpo e suas escolhas.
- **Alimente sua autoestima cuidando-se mais:** seja fazendo um exercício, seja assistindo àquela série que você ama. Pequenos mimos diários também são exercícios de autocuidado.
- **Busque referências que inspirem você:** se a capa da revista nunca a representou, isso não quer dizer nada sobre a sua beleza. As redes sociais estão aí para você se inspirar em diferentes biotipos e estilos, e escolher ser seu próprio padrão.

Para mim, moda e autoestima andam juntas. No meu processo de amor-próprio, a moda foi extremamente importante. Quando entendi que não preciso ter o mesmo corpo que outras mulheres e que poderia ser bonita mesmo sendo gorda, um caminho de novas possibilidades surgiu na minha vida.

Cresci lendo que não podia usar estampas, não podia usar listras, não podia usar peças justas. As dicas de moda eram cheias de certo e errado. Hoje a moda é sobre identidade e personalidade.

Com a democratização da informação de moda e nossa vida com multitarefas, conseguimos transitar por diferentes estilos e misturar elementos de cada um entre si, formando nosso estilo pessoal.

Estilo é autenticidade, é sua expressão visual, é ser verdadeira consigo mesma e entender que somos únicas. Eu me amo com um vestido preto, salto e batom vermelho, mas há dias em que um jeans, camiseta e tênis são o que me fazem feliz. Essa é a graça da moda: brincar com ela. É essencial que a roupa que você veste imprima sua personalidade, e a deixe segura e confortável.

Dica da Dé: olhe o seu guarda-roupa e identifique por que você gosta mais de uma peça do que de outra. Sempre temos aquela peça que compramos por impulso e nunca vamos usar. Saber qual é seu estilo é entender quem você é, qual sua rotina, como são os lugares que costuma frequentar, a música que gosta de ouvir, entre outras características que são só suas. Assim, será mais fácil para você salpicar as tendências do momento no seu estilo pessoal com personalidade. O mais importante é você se sentir bem na frente do espelho.

O autoamor abriu meus olhos para me cuidar mais, para respeitar minhas vontades e ir atrás do que faz meu coração vibrar. Então, olhe-se no espelho hoje e repita o quanto você é maravilhosa. Você vai descobrir um mundo de possibilidades na moda e na vida!

ALÉM DA MODA

DANI RUDZ
@danirudz

Meu nome é Dani Rudz, sou criadora de conteúdo na internet e especialista em mercado *plus size*. Atuo pelo empoderamento da mulher fora do padrão e pelo desenvolvimento e profissionalização do mercado *plus size* no Brasil.

Comunico-me muito por meio da moda com minha audiência. Acho isso incrível! Reflexo dos novos tempos. Considero-me abrindo portas. Um lugar em que corpos magros e belezas áureas são hipervalorizados, uma mulher gorda ser inspiração é um caminho para essa abertura.

O fato de estar acima do peso considerado ideal me levou a me esconder por muito tempo, até tomar a difícil decisão de não esperar ser magra para viver e ser feliz. E o que me trouxe de volta ao mundo foi a moda! Foquei em encontrar meu estilo, sentir-me bonita e (por que não?) me sentir incluída de novo.

Para mim, moda é propósito, é ferramenta de pertencimento, de inclusão, de expressão, de marcas de tempo, de história. Até hoje não entendo por que quase 80% dos fabricantes de moda brasileiros decidiram excluir mulheres acima do manequim 46 (o verdadeiro 46) de suas criações.

Nos tempos em que vivemos, em que as bandeiras levantadas pelas marcas conquistam consumidores ávidos por propósito, isso me parece um disparate. Tenho uma frase que uso muito: "Estilo não pode, de jeito algum, ser um prêmio somente para pessoas magras!" Até hoje, as mulheres acima do peso considerado ideal não podem escolher um estilo próprio, porque não encontram variedade de peças de vestuário. Por isso, luto pelo crescimento e profissionalização do mercado *plus size*. Um nicho promissor e com potencial gigante, que dá assunto para outro capítulo.

Ainda que com dificuldade para encontrar o que desejo, eu me expresso totalmente por meio da moda. Visto-me pensando na mensagem que quero transmitir, na expressão do meu interior, em meu gosto pessoal. E posso tudo! Uso alcinhas, minissaia, tomara que caia, biquíni, braço de fora, roupas que marcam a silhueta. Uma dica de ouro que posso dar é: prove tudo. Levo muito em consideração as proporções corporais e, por isso, provo tudo. Nunca recuso uma peça de roupa até saber todo o seu potencial e sem antes saber o que ela pode oferecer no meu corpo.

Mas, apesar de todas as regras de vestimenta, hoje cheguei a um lugar mágico, lugar no qual reconheço meu valor, o meu legado, e me visto dele, me empodero dele. Algo que vai além de somente vestir uma roupa e que me dá o maior orgulho! Mostrar para milhares de mulheres que me acompanham o valor do ser e de se sentir bem, de se reconhecer bonita e se valorizar! O tal amor-próprio!

Não importa se seu manequim é 44, 46 (e você está entre as mulheres do limbo, como chamo), ou se veste manequim 54 ou 60. Que todas nós tenhamos o direito de nos vestir de nós mesmas e enxergar felicidade nisso!

ALÉM DA MODA

KEL FEREY
@kfbranding

É importante destacar que a moda é muito mais do que a maioria das pessoas pensa. A estruturação social criada sobre a moda a desenha como puramente tendências, corpos, passarelas, compras e redes sociais. Na realidade, a moda está altamente relacionada à economia, política, cultura, agronegócio, sociologia e antropologia. A forma como pensamos, agimos e, principalmente, olhamos o mundo ao nosso redor tem forte influência sobre o que usamos. Muitas vezes, o processo é do interno para o externo. São os pensamentos transformadores e de progresso que causam mudanças significativas no mercado global fashion.

A designer e criadora da Maison Chanel disse: "O conforto possui formas. O amor, cores. Uma saia é feita para cruzar as pernas, e uma manga, se cruzar os braços".

Completo citando as sábias palavras do sociólogo francês Pierre Bourdieu:

"Incessantemente sob o olhar dos outros, as pessoas se veem obrigadas a experimentar constantemente a distância entre o corpo real, a que estão presas, e o corpo ideal, do qual procuram se aproximar. Tendo necessidade do olhar do outro para se constituírem, elas estão continuamente orientadas em sua prática pelo julgamento antecipado do apreço que sua aparência corporal e sua maneira de portar o corpo e exibi-lo poderão receber."

ALÉM DA MODA

WALTER RODRIGUES
@wr_walterrodrigues

Moda é uma palavra recorrente em nosso cotidiano – ela advém do latim "modus", significando modo, maneira e comportamento.

Ela é bem antiga, surgindo lá no Renascimento, e ganha espaço e outra conotação a partir de Louis XIV, quando ele estabelece uma missão importante para a "moda", que é a de vender o melhor da França: tecidos, roupas, perfumes e joias apresentadas ao mundo, na vitrine que era o palácio de Versailles, gerando, assim, um negócio muito lucrativo.

Ela foi sempre o retrato do tempo, documentando os avanços da humanidade, readaptando-se a partir das mudanças dos padrões de comportamento – indicando status e rígidos códigos de vestir, até democratizar-se e permitir que cada um possa ser único. Por causa da moda, modificamos os corpos, ora condicionando-os a estruturas, ora libertando-os.

A moda sempre foi um veículo de comunicação – a imagem do ser humano sempre vestido de luxuosas vestimentas impactava seus súditos e rivais, criando uma imagem icônica. A moda foi usada para legitimar poder, riqueza e status.

A partir das cores, texturas e estampas é possível identificar um período histórico, e entender os sinais que indicam a posição dos seres humanos naquele espaço de tempo.

Moda também ampliou a capacidade humana de produção e de tecnologia, tornando-se rentável.

As pinturas e as gravuras foram, no princípio, as responsáveis pela propagação da moda, pois moda é, também, "parecer com". Afinal, ter um referencial importante facilita o uso da imagem para angariar atributos e colabora para a aceitação e admiração das pessoas. Você já pensou na dificuldade de gerenciar uma guerra, por exemplo, sem uniformes? Na qual o grupo que ataca e o grupo que defende seriam confundidos.

No início do século XX, já tendo em curso a Revolução Industrial, usando o vapor como força mecânica, começa a ampliar e a modificar sua métrica. Processos produtivos mais velozes permitem que mais pessoas tenham acesso a produtos.

Com a primeira grande guerra, a falta de mão de obra envia mulheres para as fábricas de armamentos e de produtos para a guerra. Esses aprendizados dinamizam a produção e são mantidos no pós-guerra, com as fábricas de roupas impulsionando o varejo de moda.

O cinema e as revistas ampliaram a comunicação da moda, fazendo-nos escravos das icônicas estrelas do cinema – as quais buscamos imitar por meio do estilo de roupas de seus personagens e do seu dia a dia. E novamente vamos lucrar com tudo isso: perfumes, maquiagem, acessórios e mobiliários difundidos nos filmes são desejados e consumidos, invadindo o cotidiano das pessoas.

Os efeitos da transformação dos tempos, moldados por meio de guerras e de inovação, estão documentados na nossa história. Nylon, poliéster e fibras (estas artificiais) ganham espaço e indicam um novo tempo de acessibilidade, com baixos valores, impulsionando a produção em massa.

A revolução dos costumes, a tecnologia da propagação de imagens diretamente nos lares de milhares de consumidores, a invenção do marketing e a descoberta, pelo ser humano, daquilo que ele não conhecia, mas que já se tornava um desejo de consumo.

O monopólio europeu dos códigos de vestir, a alta-costura e o *prêt-à-porter* indicam os caminhos da indústria da moda. A música e, mais ainda, o cinema embalam a juventude, propagam as mudanças e indicam outras fontes de inspiração, tais como países distantes como a Índia, Paquistão e a América Latina. É a descoberta do diferente, do original, das técnicas ancestrais e de histórias ainda não contadas.

É importante compreender as evoluções da indústria da moda, antes estabelecida em lançamentos das grandes *maisons* e condicionadas a milionários, e que, a partir da segunda metade do século XX, institui a fabricação em massa, organiza o sistema industrial por meio de *bureaus* de estilo, que estudam o comportamento dos consumidores e os transformam em cores e texturas, antecipando e dando assertividade aos produtos da cadeia da moda, gerando vendas mais concretas.

A moda, a partir daí, será norte-americana, francesa, italiana e japonesa. Ela estará estabelecida em calendários de lançamentos sazonais que alimentaram cadeias de lojas ao redor do mundo, atendendo a consumidores ávidos por novidades.

O próximo passo é a criação de conglomerados de marcas de luxo, impulsionados por estatísticas e resultados, e não mais pela criatividade. Juntamos a isso o fenômeno da internet e as compras online – tudo se condiciona a partir da palavra *fast*.

Essas práticas escancaram os desperdícios e o desrespeito pelos trabalhadores responsáveis pelo volume absurdo de roupas no mercado mundial.

As mudanças climáticas, o uso de pesticidas em excesso e a queima de estoque excedentes – gerando gases de efeito estufa – acendem um sinal de alerta, e consumidores preocupados com o futuro das próximas gerações estão cobrando ações efetivas de mudanças na cadeia da moda.

Bom, como podemos perceber nesse breve relato da importância da moda no desenvolvimento humano, também devemos nos ater a outros aspectos dessa indústria, revelando seu papel para *além da moda*.

Nesse momento da humanidade, em que constatamos que somos frágeis e sujeitos a efeitos desconhecidos, propagados por meio da globalização, a moda novamente tem o desafio de nos ajudar a buscar soluções e meios para sobreviver.

Essa potente fragilidade desencadeada pelo vírus da pandemia incentivou a solidariedade, a empatia e o cuidado com o outro.

Naturalmente, tecidos e materiais diversos incorporaram a necessidade de proteção por meio de processos que facilitam a higienização e barram o contágio.

Mas, além disso, esse momento nos desafiou a olhar e a buscar entender o diferente, aquilo que não estava assimilado em nosso cotidiano. Isolados, abrimos os olhos para o todo e descobrimos as diferenças, e nos encantamos com elas.

Estamos vivenciando uma maior aceitação com relação aos diferentes tipos de corpos, de gêneros e de pele, fortalecendo a ideia da preciosidade do ser humano, independentemente das suas diferenças.

O resultado dessa mudança vai *além da moda*, pois ativa nosso sistema de preservação, já pode ser visto nas semanas de moda, com a integração de marcas de raízes africanas, com designers interessados em construir marcas que atendam a todos os gêneros e corpos celebrando a vida.

As novas gerações e suas demandas preocupadas com o seu futuro martelam na cabeça de dirigentes mundiais e CEOs de empresas de moda, que não estão dispostos a aceitar menos do que a garantia de um planeta melhor, onde há de haver uma esperança de vida, que merece ser construída em bases seguras, e não apenas em lucro desmedido e desperdício.

Nos últimos anos, tenho trabalhado com muitos jovens inquietos e transformadores, e isso me dá a certeza de que a moda de hoje é consolidada em propósitos significantes, que permitirão a construção de sonhos e beleza, algo que a moda sempre referendou.

Moda hoje vai além de um símbolo de status ou desejo de consumo; ela unifica, comunica e, mais, por meio da moda, podemos prever o futuro e, assim, construir um mundo melhor.

ALÉM DA MODA

SAMANTA BULLOCK
@samantabullock

A indústria da moda é muito mais do que apenas tendências; é uma forma de comunicar nossas ideias e nossa personalidade. Fazemos parte de um planeta diverso, com pessoas únicas de habilidades diferentes, e todos nós precisamos nos vestir.

Você sabia que existem 1,2 bilhão de pessoas com deficiência em todo o mundo? Estamos em um momento em que é necessária a conscientização das marcas. Nos últimos anos, essa lacuna começou a ser preenchida, trazendo algumas mudanças positivas para essa parte da sociedade, mas ainda temos um longo caminho a seguir.

O que estamos aprendendo com essa evolução? A moda é um agente vivo de transformação social, que pode e deve ser usada para acolher. No caso de muitas minorias, por anos a invisibilidade prevaleceu. Nos dias atuais, as mudanças sociais, principalmente as que giram em torno da representatividade, floresceram, criando um lugar de destaque e protagonismo. Criando uma visibilidade para quem, até então, não tinha sido notado.

Existe uma frase de autor desconhecido que diz: "diversidade é ser convidado a uma festa, e inclusão é ser tirado para dançar". Um senso de pertencimento, de "seja bem-vindo", começou a se espalhar pelo mundo.

Hoje, não somente as marcas estão criando roupas para as pessoas com deficiência, como podemos ver também a representatividade dessa evolução nas passarelas. A moda inclusiva já ganhou espaço nas semanas de moda de diversos países, inclusive no Brasil. Essa é uma grande conquista, mas ainda são os primeiros passos.

A deficiência física também tem sido representada nas campanhas de marcas famosas e ganhado espaço nas capas de revistas. Esse movimento de conscientização tem acontecido em todo o mundo, e essa nova versão da moda já está aceitando as pessoas como elas são. Existe um conjunto de meios e ações para praticar a inclusão social, e a moda é um deles.

A moda trabalha a nossa autoestima e, consequentemente, nos reconhecemos pertencentes ao meio em que vivemos. A aceitação é uma busca inerente de todos os seres humanos, mas quando falamos de uma pessoa com deficiência e a relação do que sentimos perante as nossas limitações, é preciso uma força ainda maior para nos superarmos. Nossas limitações geram diversos problemas psicológicos. A depressão e a ansiedade são alguns dos desafios que constantemente temos que enfrentar.

A falta de acessibilidade não se dá, na grande maioria das vezes, por má-fé, e sim por falta de conhecimento, da importância dessa mudança de comportamento. Ser visto é tão importante quanto ser reconhecido. Sabe aquele velho ditado "quem não é visto não é lembrado"? Precisamos ser notados para que, assim, as marcas nos reconheçam também como consumidores.

O consumidor em potencial é aquele que mantém a demanda e adquire o produto. É necessário que as marcas compreendam que existe a demanda de produtos para pessoas com deficiência física. O diferencial pode ser o pulo do gato. É possível, sim, criar campanhas em que ambos os lados sejam beneficiados.

Por exemplo: o comitê paralímpico internacional lançou uma campanha chamada "Nós, os 15". Sabe por que 15? Porque é a porcentagem do número de PCDs no mundo, com uma força econômica na casa dos US$ 3 trilhões. Mas, quando eu não posso ir a algum lugar, tenhamos em conta que também não vão meu marido, um casal de amigos, minha mãe e uma amiga, pois a pessoa com deficiência nunca está sozinha. É o que chamamos de círculo social, e a moda perde, na realidade, na faixa de US$ 8 trilhões. Então, fazer a coisa certa não é somente ético, mas faz sentido comercial. Fazer o correto é *business*!

Vamos falar de algumas áreas específicas da moda que estão mudando, e o quanto isso é importante e pode refletir além do que imaginamos. Vou dar um exemplo de uma pessoa cadeirante, que é a minha realidade e meu lugar de fala. Não tenho a completa sensibilidade em uma das pernas e sensibilidade parcial na outra. Uma calça, por exemplo, pode estar me machucando e eu provavelmente não vou sentir, o que pode acarretar uma úlcera de pressão (escara), falta de circulação, inchaço, entre outras coisas. Mas o que seria pior? Eu não sentir e me machucar, ou sentir e não poder trocar de posição?

Duas perguntas difíceis, não? E no caso de comprar uma calça linda, que vejo na vitrine, mas que, quando visto, modifica toda a modelagem quando estou sentada, ficando curta nas pernas e com o meu traseiro à mostra? São tantos os inconvenientes que uma peça pode causar com o simples fato de mudar de posição!

Por exemplo, a posição sentada é a que mais utilizamos, tanto trabalhando quanto viajando, vendo televisão, no cinema ou até num parque, fazendo um piquenique. São tantos os pormenores que eu poderia ficar aqui até amanhã falando das diferenças de cada deficiência e do que cada uma demanda. E não se engane em pensar que quem tem a mesma deficiência, por exemplo, a deficiência física, tem as mesmas necessidades. Isso vai variar em membro superior, inferior, peso, funcionalidade, sensibilidade etc.

Voltemos à calça: ela pode gerar uma experiência desastrosa, e a falta de opção pode fazer com que eu eventualmente queira ou prefira ficar em casa, com o meu pijama ou roupa de academia, que podem me garantir o conforto necessário, mas não o meu estilo *fashion* ou minha confiança. É desse empoderamento que estamos falando, e a quebra dele pode levar a pessoa ao isolamento social.

A moda é pessoal. Ela é viva, é sobre acolhimento, sobre fazer a pessoa sentir o seu melhor. A roupa ideal não é somente a roupa certa; é a roupa que, *além da moda*, te dá a coragem de desbravar, de sair, de lutar, de mudar, de fazer a mudança, de ser mudança.

Criei a loja Samanta Bullock com oito designers e o nosso propósito é ressocializar por meio da moda, criando oportunidades de capacitação, emprego, visibilidade, chances de trabalhos em áreas nunca pensadas e acessibilidade física, por meio de uma vestimenta funcional e fashion.

Afinal, a moda pode fazer isso, pois ela atinge 100% da população.

Essa é a tendência inclusiva, na qual ninguém fica de fora!

ALÉM DA MODA

EMANNUELLE JUNQUEIRA
@emannuellejunqueira

Desde sempre, vi a moda de uma maneira poética. É por meio dela que expressamos sentimentos, personalidade e estado de espírito.

Ela faz mover energia, pessoas e histórias. A roupa traz consigo uma memória afetiva.

Tente olhar como num filme, em que existe a personagem, toda uma história e valores por trás. E é exatamente isso que me instiga e me inspira a criar algo autoral.

É óbvio que ela é movimentada por muitas mãos, talentos e profissionais que merecem o respeito e a dignidade de sentir orgulho desse ofício.

Que o mundo entenda, cada vez mais, a importância dessa cadeia toda.

165

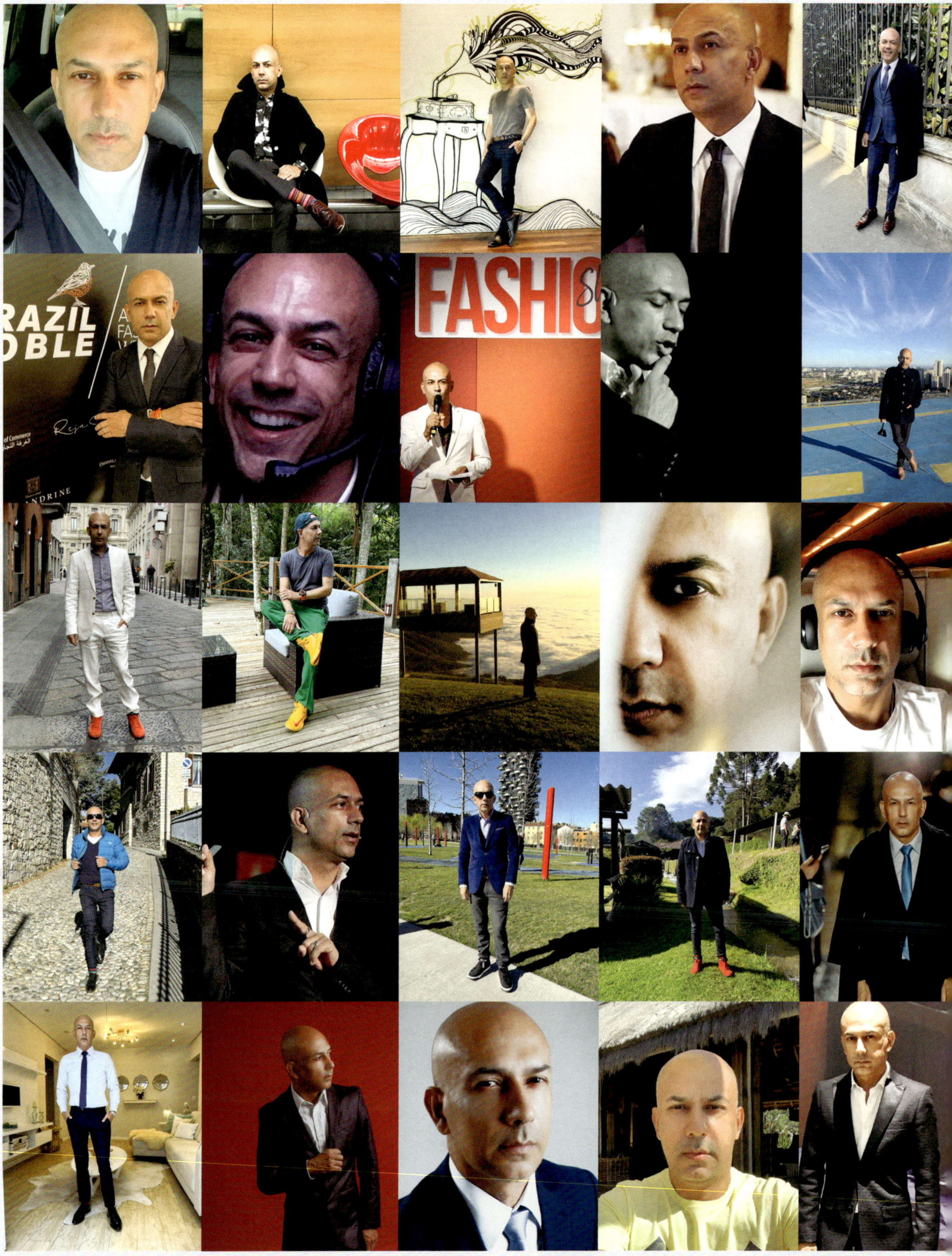
RAZIL
OBLE
FASHIO

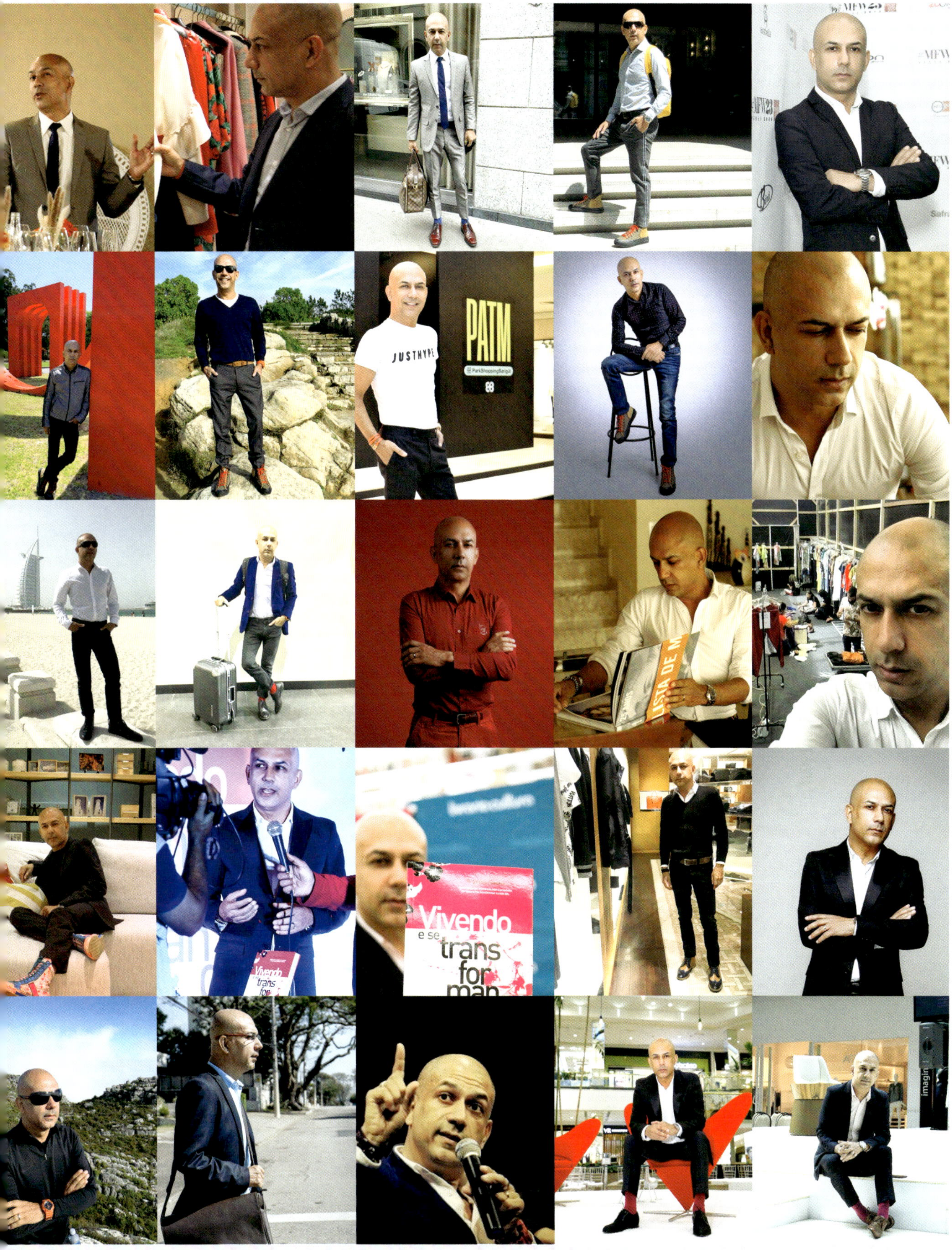
PATM
Vivendo
e se
trans
for

LIVROS DE REGINALDO FONSECA

Em março de 2012, Reginaldo Fonseca publicou o seu primeiro livro, em comemoração aos 25 anos da **Cia Paulista de Moda**, com o título *A evolução dos eventos de moda em shopping centers*.

Foi uma edição especial com 6 mil exemplares, distribuídos para clientes, parceiros, fornecedores, amigos, imprensa e fashionistas.

A ideia era fazer um livro que fosse objeto de decoração, com fotos e imagens de grandes eventos realizados nos 25 anos da empresa e que mostrasse um pouco do trabalho de Reginaldo Fonseca.

Em novembro de 2018, ele lançou o segundo livro, publicado pela DVS Editora, com o título *Vivendo e se transformando*, que não fala de moda nem de roupas, e sim da capacidade que o ser humano tem (e deve exercer) de se transformar para melhorar a cada dia.

O livro trata de algo misterioso na vida das pessoas: o amor, que é a energia mais poderosa em todo o Universo. "Nada no mundo é mais importante do que o amor", relata Fonseca. "Praticar o amor é primordial para a nossa transformação como seres de luz", completa.

Vivendo e se transformando está recheado de dicas para que cada pessoa descubra, o quanto antes, quem ela é, qual o seu projeto de vida e o quanto precisa usar sua energia para construir a felicidade.

Em 2022, chegou a vez de lançar o seu terceiro livro. ***Além da moda*** traz dicas e informações que não se limitam a abordar o modo de se vestir bem ou, até mesmo, como estar na moda. Este novo livro fala de coisas que são importantíssimas para qualquer pessoa no seu dia a dia, que são ferramentas valiosas da hora de se vestir e sair por aí.

Afinal, a moda vai muito além da roupa que vestimos. Ela tem uma grande ligação com a nossa forma de ser e viver.

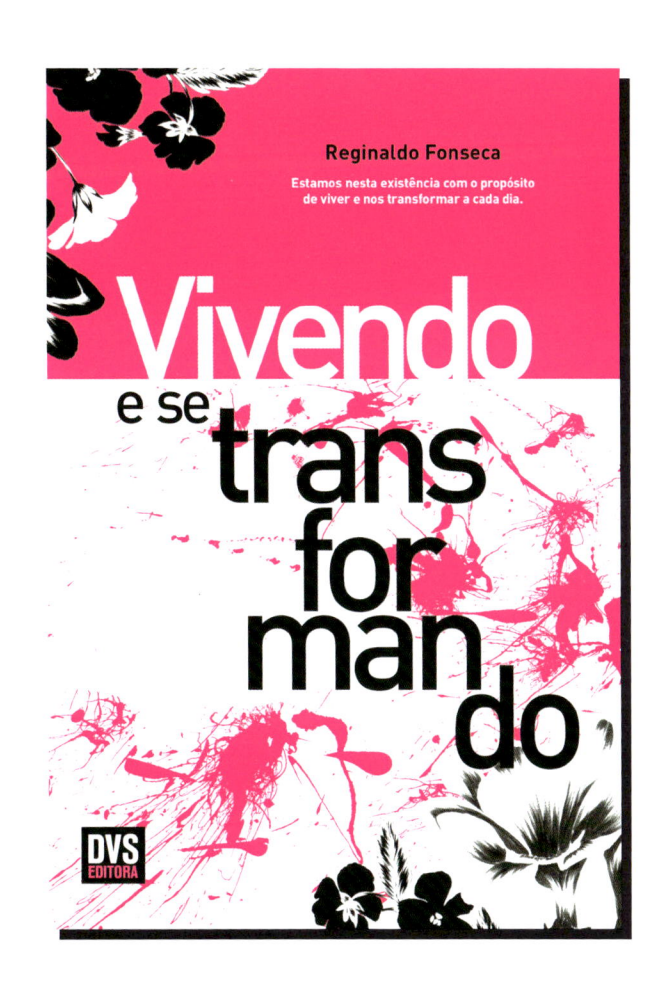

Vivendo e se transformando

Reginaldo Fonseca

Estamos nesta existência com o propósito de viver e nos transformar a cada dia.

DVS EDITORA

---

25 ANOS

CIA PAULISTA DE MODA

A EVOLUÇÃO DOS EVENTOS DE MODA EM SHOPPING CENTER
POR REGINALDO FONSECA

SOBRE O AUTOR

MAIS DE TRÊS DÉCADAS NO MERCADO DA MODA
Reginaldo Fonseca é consultor de moda, empresário, escritor, fundador e idealizador da **Cia Paulista de Moda**, empresa que atua em produção e gestão de projetos para o sistema da moda, produzindo grandes eventos e ações para shopping centers, grupos e marcas.

Um dos mais renomados profissionais em consultoria e direção executiva/artística de eventos e ações de moda em todo o Brasil, tem mais de três décadas de experiência e expertise no mercado *fashion* mundial.

Sintonizado com as novas tecnologias e demandas de desenvolvimento no segmento, Reginaldo Fonseca já atendeu centenas de clientes espalhados pelo Brasil, e também em Paris, Londres, Portugal, Dubai, Angola, Peru, Itália, Guiné-Bissau, entre outros.

Dentre os grandes trabalhos dos quais é diretor executivo, está o **Angola Fashion Week**, que, por meio de sua curadoria e consultoria, ficou entre os maiores eventos de moda da África e entrou para o calendário da moda internacional.

Reginaldo também participou de outros dois grandiosos eventos internacionais:

Em outubro de 2020, no Arab Fashion Week, em Dubai, ele fez a curadoria e direção dos desfiles de cinco marcas brasileiras: Vitor Zerbinato, Andrea Conti, Sandro Barros, Emannuelle Junqueira e Maison Alexandrine. Em setembro de 2021, foi a vez de levar as criações do designer Vitor Zerbinato para a passarela do projeto Emerging Talents Milan, que faz parte do Milan Fashion Week, considerada uma das quatro semanas de moda mais importantes do planeta, em Milão.

Fonseca foi pioneiro ao levar os desfiles para dentro dos shopping centers brasileiros, quebrando o paradigma de que esse tipo de evento devia se limitar a um grupo seleto de pessoas. Foi assim que ele começou a informar, diretamente ao consumidor final, sobre o que é moda e como se vestir bem, por meio das coleções das marcas.

Também foi precursor ao levar, para dentro do mall, as celebridades mais importantes da TV brasileira para desfilar os looks das lojas, aproximando a moda das pessoas. Enfim, ele foi o primeiro, há mais de três décadas, a levantar a bandeira *see now, buy now*, da qual muitas pessoas falam na atualidade.

Para atingir o sucesso, toda empresa do porte da **Cia Paulista de Moda** precisa contar com o empenho de pessoas que, nos bastidores, dedicam seu trabalho em prol da excelência da marca. Reginaldo Fonseca chegou a dirigir eventos que envolveram, direta ou indiretamente, cerca de 400 pessoas. Fez de sua empresa – a **Cia Paulista de Moda** – uma das principais do segmento no Brasil, com foco no confeccionista, no lojista, no empresário e, principalmente, no consumidor final.

A marca de bolsas e acessórios Denise Gerassi lançou, em julho de 2019, sua primeira collab em parceria com Reginaldo Fonseca. Amigos de uma vida, Denise e Fonseca decidiram unir seus talentos e afinidades, na criação de uma linha de bolsas masculinas e executivas.

No ano seguinte, surgiram mais duas collabs de sucesso. Em setembro de 2020, a marca Brasileña Lingerie, que já fazia sucesso entre as mulheres, decidiu criar, pela primeira vez, uma linha de cuecas.

Com a assinatura de Reginaldo, a empresa adentrou o universo masculino e as peças ecoaram para além do Brasil, gerando exportação para diversos países. Foi então que, dois meses depois, Fonseca e a Brasileña Lingerie desenvolveram uma coleção feminina, do tamanho P ao *plus size*, mantendo a qualidade internacional e o toque de alfaiataria presentes em todos os produtos da grife.

Reginaldo Fonseca também atua como:
- Palestrante de negócios da moda, de comportamento, de autoajuda e motivacional.
- Mediador de talks, conferências e congressos do setor de moda e negócios.
- Gestor e mentor de projetos especiais para o sistema da moda.
- Interface de empresas brasileiras/estrangeiras, e com projetos inovadores e de soluções importantes para alguns países.
- Foi apresentador do programa "Fábrica de moda", pelo portal *By Monaco*.
- Voluntário/colaborador do Hospital Gacc Vale do Paraíba (Grupo de Assistência à Criança com Câncer).
- E, ainda, foi colunista no site *O Segredo*, e é colunista de moda e comportamento para revistas brasileiras e estrangeiras.

crédito: Iron T. Jorge

PARCEIROS

crédito: Ricardo Antonio da Silva

Ao adquirir este livro, você estará ajudando o GACC.

Localizado na cidade de São José dos Campos, no interior de São Paulo, o Grupo de Assistência à Criança com Câncer (Gacc) é o mantenedor do Hospital CTFM/Gacc: um complexo clínico sócio-hospitalar, multidisciplinar e especializado, planejado para atender especificamente crianças e jovens com câncer, diagnosticados entre 0 e 19 anos, dos 39 municípios do Vale do Paraíba.

O tratamento é oferecido prioritariamente a pacientes encaminhados pelo Sistema Único de Saúde (SUS), que representam, atualmente, 80% do total de pacientes oncológicos em tratamento no Hospital CTFM/Gacc.

Desde o início de suas atividades, em 1996, o Gacc existe para aumentar a expectativa de vida e garantir a oferta e a qualidade global do tratamento de crianças e jovens com câncer, independentemente de sexo, cor, religião ou posição socioeconômica.

gacc
Vale do Paraíba

Copyright 2022 por DVS Editora.
Todos os direitos reservados
pela editora.

Nenhuma parte deste livro poderá ser reproduzida, armazenada em sistema de recuperação, ou transmitida por qualquer meio, seja na forma eletrônica, mecânica, fotocopiada, gravada ou qualquer outra, sem autorização por escrito do autor, nos termos da lei 9.610/98.

Contatos com o autor
reginaldofonseca@ciapaulistademoda.com.br

Instagram
@reginaldofonseca
@alemdamodalivro

Arte da capa
Blaze Wolf

Foto da arte para a capa
Anderson Nielsen

Ilustradores
Adriano Pitangui, Bernardo Rostand, Blaze Wolf, Camila Souza Mendonça, Clau Cicala, Cláudia Epiphanio, Hector Angelo, Larissa Sayuri de Oliveira Watanabe, Marezilustra, Marina Ramosi, Matheus Barreto Motta, Reubens, Ricardo Antonio da Silva, Washington Ricardo e Yuri Zeredo de Cerqueira

Colaboradores
Arlindo Grund, Dani Rudz, Débora Fernandes, Denise Gerassi, Dra. Mônica Cristina Monteiro Porto, Emannuelle Junqueira, Fause Haten, Francesca Giobbi, Henrique Mello, Kel Ferey, Lilian Lemos, Mônica Salgado, Samanta Bullock, Vitor Zerbinato e Walter Rodrigues

Diagramação
Estúdio Permitido
Samuel Tomé (assistente)

Revisão de textos
Sylvia Goulart, Fábio Fujita e Thaís Pol

Marketing e publicidade
Fernando Griskonis

Fotos
Anderson Nielsen, Bruno Costa, Claudia Lopes, Cristiano Sérgio/FOTOFORUM, Dande Porto, Daniela Luquini, Denise Rocha, Derek Fernandes, Edson Nardone, Fernando Donasci, Gabriel Cappelletti, Gilberto Freitas, Gustavo Duran, Hay Torres, Iron T. Jorge, Luan Sampaio, Matt Bryan, Mayla Ohta, Nuno Quental, Paulo Cabral, Renato Filho, Renato Moretti, Rikko Oliveira, Roberto Portella, Rodrigo Niemeyer, Thiago Mello e Zé Roberto Muniz

AGRADECIMENTOS

Agradeço de coração:

Aos apoiadores deste livro
A meus clientes
A meus parceiros de trabalho
A toda a minha equipe, desde os que passaram pela empresa até os atuais
A meus fornecedores
Aos ilustradores deste livro
A Marcel Ammar Rio
A Laura Scavone
A Andréia Boneti
A Patrícia Morita
A Maria Eugênia de Andrade Aragão
A Fabiano César Ferreira
A Cirlene Gonçalves
A Guilherme Schneider
A Grazi Coelho
A Dra. Kelly Pico
A Graziela Andrade Cabral
A Joelma Bacelar
A Ciça Cabrine
Ao Villarreal Supermercados
À Clínica Adones
À Univap
Ao IESB
A todos os modelos que já trabalharam comigo em vários lugares do mundo
A meu terapeuta Rubens Marcos da Matta, que tanto me incentivou na realização dessa obra
Aos ilustradores que dedicaram o seu tempo e trouxeram um pouco do seu talento para ilustrar este livro
A meus ex-alunos
Aos amigos e profissionais que colaboraram com os textos que estão neste livro
A todos os que sempre trazem excelentes conhecimentos à minha vida
A Alexandre Mirshawka e Sergio Mirshawka, da DVS Editora
Sou eternamente grato a vocês!

Dados Internacionais de Catalogação na Publicação (CIP). (Câmara Brasileira do Livro, SP, Brasil)

Fonseca, Reginaldo

Além da Moda/Reginaldo Fonseca. - São Paulo: DVS Editora, 2022.
ISBN 978-65-5695-060-0
1. Moda 2. Moda - Aspectos sociais 3. Moda - Comercialização 4. Moda - Estilo 5. Moda - História
6. Moda - Marketing 7. Vestuário - Indústria I. Título.

22-105356   CDD-391

Índices para catálogo sistemático:
1. Moda : Usos e costumes 391

Cibele Maria Dias - Bibliotecária
CRB-8/9427